CHOIX

DES POÉSIES

DE

L'ABBÉ DE LATTAIGNANT.

DE L'IMPRIMERIE DE POULET,
rue du Cimetière-St.-André, n°. 5.

CHOIX

DES POÉSIES

DE

L'ABBÉ DE LATTAIGNANT,

CHANOINE DE REIMS.

A PARIS,

Chez CAPELLE et RENAND, Libraires-
Commissionnaires, rue J. J. Rousseau.

1810.

NOTICE

SUR

L'ABBÉ DE LATTAIGNANT.

———

Gabriel-Charles de LATTAIGNANT, chanoine de Reims, était né à Paris à la fin du 17e. siècle. Sa famille, qui était dans la robe, le destina à l'état ecclésiastique. Il porta dans le monde un goût formé par d'excellentes études, un amour décidé pour les lettres et pour le plaisir, un esprit enjoué, délicat et sans prétention, un caractère doux et complaisant, mais franc et ami de la liberté. Avec ces qualités et de la naissance, il fut recherché des sociétés les plus brillantes; il préféra les plus aimables. Il respectait les grandeurs et les dignités, mais il n'aimait les grands qu'autant qu'ils méritaient d'être aimés; et quoiqu'on ait dit et imprimé qu'il ne s'était jamais permis la moindre pièce satyrique, il est constant qu'il avait fait plusieurs vaudevilles qui lui attirèrent quelquefois des désagrémens. Le comte de Clermont-Tonnerre, attaqué dans une de ces bluettes, le fit, comme dit Boileau, repentir d'avoir voulu imiter Regnier. Il arriva même un jour qu'un des mécontens, voulant lui donner sa rétribution ordinaire, se trompa, et s'adressa à un autre chanoine de Reims, qui lui ressemblait, et que le chansonnier appelait depuis son *Receveur*.

L'abbé de Lattaignant, pourvu d'un canonicat qui lui donnait un rang dans le monde, s'y faisait remarquer par sa gaîté. Aimant la bonne chère et la recherchant, il faisait les délices d'un repas par sa facilité à improviser des couplets quelquefois médiocres, mais toujours flatteurs pour les convives. Le poëte, qui les chantait

avec goût, leur donnait une grace de plus.
Content d'avoir excité la joie, l'auteur ne
songeait à son ouvrage que lorsque, plusieurs jours après, on le lui redemandait.
A l'espèce d'indifférence qu'il témoignait
pour le succès de ses ouvrages, on eût dit
qu'en les composant, il n'avait en vue que
l'amusement d'autrui, sans aucune prétention à la gloire. Il en acquit cependant,
et dans un genre de poésie d'autant plus
difficile, qu'il a produit chez nous plus de
chefs-d'œuvre qu'aucun autre.

L'abbé de Lattaignant semblait ne pas
penser à faire imprimer ses *Opuscules* lorsque M. Meunier de Querlon, son ami, qui
en avait rassemblé un grand nombre, les
publia, en 1750, sous le titre de *Pièces
dérobées à un Ami,* 2 vol. in-12, qu'il
dédia à Lattaignant même. On croit aujourd'hui que de pareils larcins se font
toujours de gré à gré. Mais alors on prenait les choses au pied de la lettre, et l'auteur des *Observations sur la Littérature*

moderne, en rendant compte des *Pièces dérobées*, en fit l'apologie en ces termes :

« L'auteur de ces poésies ne risque rien de se faire connaître. L'esprit, la légèreté, la finesse, le naturel, la naïveté, l'enjoûment, tout flatte ici le goût le plus délicat ; et l'on peut assurer que ces petites pièces feront l'amusement des lecteurs, comme l'auteur fait lui-même l'agrément de toutes les sociétés où il se trouve. On sait combien il est désiré, recherché partout où l'on aime la joie et le plaisir. Son esprit, fécond en saillies agréables, fournit à chaque instant nouvelle matière à la gaîté, et chaque saillie devient bientôt un couplet charmant, auquel l'agrément de sa voix ajoute encore un nouveau prix. Nouvel Anacréon, il a chanté le vin, l'amitié et l'amour ; ses vers sont les enfans du badinage ; Bacchus a été son Apollon ; la jeune Iris était sa muse ; une table environnée d'amis, son cabinet ou son Parnasse. Poëte et auteur, mais, par un double prodige, poëte sans fiel, et auteur sans travail, jamais l'envie, la haine, l'animosité, la vengeance n'ont animé ses écrits ; et si ses vers sont le fruit de ses veilles, c'est qu'il veillait avec les plaisirs. Nés dans le sein de la gaîté, ses chants n'ont été pour personne un sujet de tristesse ; et sans avoir jamais rien fait que pour le moment présent, il vivra dans la postérité, où son nom sera placé avec ceux d'Anacréon, de Catulle, de Chaulieu et de Coulanges. »

Le fond de ces éloges ne manque point de vérité, et si l'on remarque un fond de coquetterie dans la forme, il faut se souvenir que le journaliste était un abbé et parlait d'un confrère.

Lattaignant le remercia par une épître ; car, en ce tems-là, les poëtes étaient polis envers les journalistes, et n'y perdaient rien.

L'édition des *Pièces dérobées* fut bientôt épuisée. Quelques années après, l'abbé de la Porte, éditeur infatigable, demanda à

l'abbé de Lattaignant la permission de réim-
primer ce recueil ; ce qui donna naissance
à l'épître que nous allons rapporter. Elle
est intitulée *Préface en vers*. Elle doit
trouver ici sa place :

Monsieur Etienne, eh ! ne m'imprimez pas !
Ainsi parlait jadis à son libraire
Un très-aimable et très-révérend Père (1),
En soupirant, en poussant mille hélas !
Et répétait souvent la même antienne,
Quoique, dit-on, il l'eût au sieur Etienne
Non-seulement permis, mais demandé,
Même vendu les beaux fruits de sa veine.
Il me souvient vous avoir accordé
De mettre au jour aussi ceux de la mienne :
A vos desirs bonnement j'ai cédé ;
Mais sans profit pour vous ni pour moi-même.
   Vous avez fait une sottise extrême,
Me disiez-vous, de laisser imprimer
Vos petits vers avant de les limer.
Ils sont gentils, mais d'une négligence
Qu'en vérité, pour vous, j'en suis honteux.
Si quelques-uns ont un peu d'élégance,
Vous en avez tant de défectueux,

---

(1) Le P. Du Cerceau.

De mal rimés et de si prosaïques,
Tant de chansons qui sont assez lyriques,
Dont il fallait raconter l'à-propos
Auparavant de les rendre publiques,
Pour qu'on sentît le sel de vos bons mots.
Si vous vouliez, disiez-vous, me permettre
D'en hasarder une autre édition,
Je l'entreprends, et j'ose vous promettre
Qu'elle sera, sans contradiction,
Beaucoup meilleure et beaucoup plus exacte.
Nous fîmes donc tous les deux ce beau pacte,
(Dont je vous ai grande obligation,)
Vous, de choisir les meilleures d'entr'elles ;
Moi, d'en fournir quelques autres nouvelles.
Vous eussiez dû d'abord, par amitié,
En retrancher tout au moins la moitié ;
Mais vous avez pour moi trop d'indulgence ;
Vous les passez un peu trop au gros sas :
Je me repens de trop de complaisance ;
Et si j'osais, je vous dirais tout bas :
Mon cher abbé, ne m'imprimez donc pas !
  Il est bien tems de parler de la sorte,
Lorsque déjà vous êtes imprimé,
Me direz-vous ; de l'être encor qu'importe ?
En serez-vous ou plus ou moins blâmé ?
Je le serai sans doute davantage ;
Je suis plus vieux ; je dois être plus sage,

Et ce sera renouveler mes torts
Que de permettre encor cette sottise
Qui m'a causé tant de cuisans remords;
Car vous savez, mon cher, quoiqu'on en dise,
Comme on me fit ce mauvais tour alors,
Et que je l'ai moins faite que permise :
Et me voici de nouveau dans le cas.
Par un ami je me laissai séduire;
Ainsi qu'à vous, j'eus beau cent fois lui dire :
Mon cher Querlou, eh! ne m'imprimez pas !
Il m'endormit avec son beau langage,
En me disant que ce serait dommage
Que des couplets si gentils, si galans,
Connus déjà de mille honnêtes gens,
Et répandus dans cent lieux à la ronde,
Ne fussent pas connus de tout le monde;
Qu'on aurait tort de le trouver mauvais;
Dans tous mes vers que je n'avais jamais
Rien hasardé d'obscène ou de critique,
Ni rien d'impie; et que le nom d'auteur,
Que je craignais, ne me ferait qu'honneur;
Qu'on épargnait une muse lyrique;
Que le talent d'amuser ses amis,
Ne prétendant surtout aucune place,
Même au degré le plus bas du Parnasse,
Fut en tout tems et tout état permis;
Qu'on n'avait point remporté de victoire,

Dont mes accens n'exaltassent la gloire ;
Que j'ai toujours fait entendre ma voix
Pour célébrer LOUIS et ses exploits,
Dans ses dangers les larmes de la France,
Et son retour et sa convalescence,
Son cœur si bon, ses graces, ses bienfaits,
Tout ce qu'il fit pour nous donner la paix ;
Et les vertus de notre aimable reine,
De qui le ciel exauce tous les vœux ;
Bref, qu'il n'est point d'évènement heureux
Qui n'ait servi de matière à ma veine :
Qu'en me taisant sur le compte des sots,
Je n'ai chanté que les parfaits héros
Et les beautés véritablement belles ;
Et qu'il doit être, et pour eux et pour elles,
Bien plus flatteur de voir leurs noms fameux
Connus, gravés au temple de mémoire
Par mes chansons, que nos derniers neveux
Ne chanteront qu'en célébrant leur gloire ;
Que je dois être immortel avec eux.

   C'est en tenant à peu près ce langage,
Que le renard attrapa le fromage
Du corbeau sot, et l'ami mon ouvrage.
Je ne dis plus qu'en bégayant tout bas,
Ce qu'il ne prit que pour un badinage :
Mon cher Querlon, eh ! ne m'imprimez pas !

On mit enfin au jour mes chansonnettes.
Il arriva ce qu'on m'avait prédit :
Je fus goûté par mille femmelettes,
Même accueilli par bien des gens d'esprit ;
Et des auteurs, jusques au plus caustique,
Nul ne daigna dire le moindre mal
Des fruits badins de ma muse lyrique ;
D'aucun d'entre eux je n'étais le rival.
D'ailleurs les noms de cent dames aimables,
De qui j'avais célébré les appas,
D'amis en place et de gens respectables,
Me soutenaient, faisaient qu'on n'osait pas.
Dans tout Paris la bonne compagnie
Fêta mon livre, et chacun l'acheta,
Quoique fort cher, jusqu'à la bourgeoisie,
Ou tour à tour chacun se le préta.
De nos auteurs un premier coriphée (1)
Me célébra, fit la comparaison
De mes couplets avec les chants d'Orphée,
Et m'appela moderne Anacréon.
Mais, par bonheur, quand ainsi l'on m'encense,
Je suis bien loin de m'en enorgueillir ;
J'en sais tirer toute la quintessence :
Vous-même, abbé, vous m'avez fait rougir,
Et j'aime mieux Fréron, qui, quand il flatte,

______

(1) M. Roy.

Donne toujours le petit coup de patte.
Puis tout encens n'est pas du même prix.
Il est des gens d'une certaine espèce
Dont la louange équivaut au mépris :
Comme l'on voit une belle duchesse,
A qui Pierrot présente sa moitié,
Avec un ton tirant sur la pitié,
Lui dire : elle est, mais tout à fait gentille.
L'ami Pierrot, vous avez très-bon goût;
Elle est charmante; elle est parfaite en tout
Et faite au tour. Allez; adieu, ma fille.
Ainsi l'on traite un petit chansonnier,
Lorsqu'on se croit un milord du Permesse;
Et sur ce ton lorsque l'on nous caresse,
Vaudrait autant s'entendre injurier,
Mais c'est encor plus que je ne mérite,
Et ce n'est pas cela dont je me plains;
S'il est des gens, cher abbé, que je crains,
Ce sont les sots, le cagot, l'hypocrite,
Qui sont sans goût et sans aménité;
Qui blâment tout et qu'un rien scandalise.
Une chanson ne nous est pas permise;
Et pour un clerc, c'est une énormité.
Ces gens voudraient, dans leur austérité,
Qu'à table on fût grave comme à l'église;
Qu'on dît tout haut son *Benedicite.*
Jamais chez eux la gaîté n'est admise;

Pour peu qu'on soit ou joyeux ou badin,
Selon leur dire, on est un libertin.
Pour peu qu'on dise une galanterie
A femme aimable ou fillette jolie,
On est un drôle, un sieffé débauché,
Un séducteur, et c'est un gros péché.
Si vous donnez à Lisette ou Silvie
Un nom de nymphe ou de divinité,
Ce nom n'est point dans leur théologie;
C'est un forfait; c'est une impiété.
Pour essayer d'adoucir leurs critiques,
Je me suis mis à faire des cantiques :
Que penseront ces sots, à votre avis,
Quand ils verront et des odes sacrées
Et des chansons péle-mêle insérées?
Que diront-ils de ce salmigondis?
Ils publîront que ma muse banale
Met en couplets tout sans distinction,
La Fable ainsi que la Religion,
Et que la chose est pour moi bien égale;
Et d'un sujet d'édification,
Ils en feront un sujet de scandale.
Mais, pour sauver ma réputation,
Faites au moins une belle préface
Où le public apprenne nos débats;
Que je vous ai prié cent fois en grace
De n'en rien faire, et vous ai dit tout bas

Comme tout haut, et non pas par grimace :
Mon cher abbé, ne m'imprimez donc pas !
Dites-leur bien que j'étais dans un âge
Où l'on n'est pas obligé d'être sage
Lorsque je fis mes petites chansons ;
Que n'étant pas engagé dans l'église,
Cette manie alors m'était permise ;
Mais que j'ai pris de meilleures leçons ;
Que, mieux instruit, j'ai consacré ma veine
A d'autres chants, à de plus nobles sons ;
Que j'ai suivi les ordres de la reine
Et les conseils de l'abbé Joannet (1),
Son journaliste, aussi savant qu'aimable,
Lorsqu'il me dit avec un air affable :
Qui que ce soit ne fait mieux un couplet.
Mais, croyez-moi, mon cher, changez d'objet ;
Vous en serez cent fois plus estimable :
Un chansonnier portant petit collet,
A mon avis, n'est pas trop respectable.
Annoblissez vos chants par le sujet ;
La vérité vaut bien mieux que la fable.
   Dites-leur bien qu'en suivant ses leçons,
J'ai renoncé pour jamais aux chansons :
Vous sauverez tout au moins le contraste
D'un vain couplet, peut-être trop peu chaste,

---

(1) Auteur du *Journal Chrétien*, dédié à la reine.

Auprès d'un pseaume ; et si je pense bien
Que ce public encor n'en croira rien.
Je ne veux pas cependant qu'il ignore
Que, malgré moi, je vais sauter le pas ;
Et qu'en pleurant je vous le dis encore :
Mon cher abbé, ne m'imprimez donc pas !

On pense bien que l'abbé de la Porte n'eut aucun égard au refrain de Lattaignant, qui d'ailleurs lui avait confié ses manuscrits.

Les *Poésies de l'abbé de Lattaignant*, dont la Porte fut éditeur, parurent en 1757 ; Londres et Paris, Duchesne, 4 vol. in-12. On y a depuis ajouté un cinquième volume (*Chansons et poésies fugitives de l'abbé de Lattaignant*, 1779, in-12). Le premier volume contient les *épîtres*; la moitié du second renferme des *madrigaux*, des *épigrammes*, des *épithalames*, des *rondeaux*, des *fables*, des *odes*, des *inscriptions*, etc. ; le reste de ce volume et les deux suivans sont remplis par les *chansons* et les *cantiques spirituels*. Le cinquième est un mélange de différentes poésies et de chansons nouvelles.

Ce recueil n'en serait que plus précieux si l'éditeur, plus sévère, eût élagué un grand nombre des poésies qu'il renferme ; et c'était ce que l'abbé de Lattaignant sentait lui-même, quand il dit dans son épître à l'abbé de la Porte :

Vous eussiez dû, d'abord par amitié,
En retrancher tout au moins la moitié.

Quelqu'agréables que soient ses chansons, la plupart ont beaucoup perdu à l'impression. Mais on trouve dans les cinq volumes des épîtres d'une originalité piquante et facile, des chansons toujours gaies et quelquefois ingénieuses, et enfin des vers de société qui ont survécu à la circonstance, ce qui est assez rare.

Nous croyons donc, en publiant un *choix des poésies de l'abbé Lattaignant*, remplir ses intentions et lui rendre service. Les gens de goût ont approuvé les recueils publiés sous les titres de *Chefs-d'œuvres de Dorat* (3 vol.), et des *OEuvres choisies de Pannard* (3 vol.), etc. Puisse notre travail avoir le même succès !

Il nous reste à dire deux mots de l'abbé de Lattaignant.

Quoiqu'il fût reçu dans la bonne société, il n'y était pas toujours; aussi disait-il qu'il allumait son génie au soleil et qu'il l'éteignait dans la bouc. Sur la fin de ses jours, il se retira chez les Pères de la Doctrine chrétienne. C'était l'abbé Gautier, chapelain des Incurables, qui avait opéré cette conversion. Ce même abbé Gautier fut le confesseur de Voltaire; ce qui donna lieu à l'épigramme suivante :

Voltaire et Lattaignant, par avis de famille,
Au même confesseur ont fait le même aveu.
      En tel cas, il importe peu
Que ce soit à Gautier, que ce soit à Garguille;
Mais Gautier, cependant, me semble mieux trouvé.
      L'honneur de deux cures semblables,
      A bon droit, était réservé
      Au chapelain des Incurables.

L'abbé Lattaignant mourut à Paris le 10 janvier 1779.

CHOIX DES POÉSIES

DE LATTAIGNANT.

ÉPITRES.

A M. PONCET,

ÉVÊQUE DE TROYES (1).

Savez-vous bien, mon cher prélat,
Ce que j'ai fait en votre absence ?
J'ai joui seul, comme un béat,
Avec délice et complaisance.
Joui, de quoi ? me direz-vous :
Car, à ce mot de jouissance,
Déjà vous entrez en courroux,

---

(1) L'archevêque de Troyes avait une maison de campagne qu'il nommait *sa Maitresse*, et dans laquelle il faisait tous les jours de nouveaux embellissemens. L'auteur y avait passé quelques jours en l'absence du prélat, qui devait s'y rendre, et c'est en l'attendant qu'il lui adresse cette épître.

Et le terme seul vous offense.
Mais dussiez-vous, amant jaloux,
Soupçonner ma reconnaissance;
Dussiez-vous même vous fâcher,
J'ai joui de votre maîtresse,
Et, malgré ma délicatesse,
Je ne puis me le reprocher.
Elle était encor presque nue,
Et ne présentait à la vue
Que de simples attraits naissans;
Mais de mille autres agrémens
Elle sera bientôt pourvue.
On ne voyait que quelques fleurs
Sur sa légère chevelure :
Tout son éclat et ses couleurs
Sont de vrais dons de la nature.
L'arrangement, la propreté
Formaient tout l'art de sa parure,
Et sa fraîcheur, et sa beauté
Ne viennent que d'une onde pure.
Son sein frais, à demi-couvert
Sous un habit du plus beau verd,
Enserre des lys et des roses
Qui ne sont point encore écloses,
Et qui, pour se montrer au jour,
N'attendent que votre retour.

Car, quoiqu'elle soit toujours belle,
Elle parait triste sans vous.
Pour moi, mon plaisir le plus doux,
Sera de vous voir avec elle.
Vous jugez, à ce dernier trait,
Que cette charmante maitresse,
Cet objet de votre tendresse,
De qui j'ébauche le portrait,
Est votre maison de campagne,
Le plus agréable séjour
Qui soit dans toute la Champagne ;
Et vous n'avez point d'autre amour.
Mais quand, par hasard, quelque belle
Vous aurait rangé sous ses lois,
Vous ne craindriez rien, je crois,
Et vous pourriez compter sur elle :
Lorsque l'on vous aime une fois,
Peut-on devenir infidèle ?

ÉPITRE

A M. DE BOULOGNE,

INTENDANT DES FINANCES.

ÉTRENNES.

Aux jours où l'an se renouvelle,
C'est une mode universelle,
Introduite depuis long-tems :
Quelques-uns par jolis présens,
D'autres par simples bagatelles,
Et tous au moins par complimens,
Souhaits mutuels et sermens,
Renouvellent leur assurance
Et de respect, et d'amitié,
Et d'estime et de bienveillance.
De ces sermens plus de moitié
Ne tirent point à conséquence,
Surtout au pays de la cour.
C'est une phrase circulaire,
Une espèce de formulaire
Que l'on prononce tour à tour.

Ce sont mots qui sont dans la bouche,
Mais, comme on dit, *le cœur n'y touche;*
On n'y doit guère ajouter foi.
Quoique ce soit une monnoye
Que l'on sait de mauvais aloi,
Elle a cours, et chacun l'employe:
Si je m'en sers, c'est malgré moi.
Mais elle change de nature
Sitôt qu'on l'employe avec vous;
Non, ce n'est point une imposture,
Et je serais garant pour tous
Qu'on dit vrai quand on vous assure
Qu'on vous souhaite mille biens.
Chacun vous aime et vous estime;
C'est un sentiment unanime;
D'ailleurs vous connaissez les miens,
Qu'une vive reconnaissance
N'a pu même rendre plus forts.
Je ne ferai donc point d'efforts
Pour vous dire ce que je pense,
Et vous dirai tout simplement:
BONJOUR, SEIGNEUR, ET BONNE ANNÉE,
Toujours la même destinée:
Car, en effet, quels autres vœux,
Pour vous, un ami peut-il faire?
Vous avez ce qu'il faut pour plaire,

Et ce qu'il faut pour être heureux.
Et la Fortune et la Nature,
Toutes deux libéralement,
De leurs graces également
Vous ont donné bonne mesure.
Au lieu d'envieux ennemis
Qu'on a dans la place où vous êtes,
Par l'usage que vous en faites,
Vous n'acquérez que des amis;
Et si la Fortune termine
Son ouvrage au gré de nos cœurs,
La voix publique vous destine
Encor de plus brillans honneurs.
Mais brisons là; par ce présage
Je craindrais de vous irriter:
A qui n'en veut pas davantage,
Qu'est-il besoin de souhaiter?
Recevez donc pour vos étrennes
Ces fruits badins de mon loisir:
Les recevoir avec plaisir,
Ce sera me donner les miennes.

ÉPITRE

A JULIE,

QUI VOULAIT SE FAIRE RELIGIEUSE.

C'EN est donc fait, mon aimable JULIE ;
Il faut vous perdre au plus beau de vos jours :
Vous renoncez aux plaisirs, aux amours,
Aux agrémens, aux douceurs de la vie.
Quoi ! ce soleil si beau, si radieux,
Va s'éclipser à peine à son aurore !
Quoi ! cette fleur, qui ne fait que d'éclore,
N'aura brillé qu'un instant à nos yeux !
Ces yeux charmans, que tout le monde adore,
Seront éteints sous un voile odieux !
Ce sein, plus frais que n'est celui de Flore,
Fait pour charmer les mortels et les Dieux,
Et qui n'a pas son pareil sous l'Olympe,
Enseveli sous une épaisse guimpe,
Ne verra plus la lumière des cieux !
Ces beaux cheveux, dont le dieu de Cythère
Aurait formé les plus aimables nœuds,

N'orneront plus une tête si chère !
La liberté. ce don si précieux,
Vous l'immolez aux volontés d'un autre;
Vous la liez par des vœux indiscrets,
Vous qui saviez triompher de la nôtre
Par la douceur de vos naissans attraits !
Croyez-vous donc que la nature sage
De tant d'appas, de graces, de trésors
Ait embellit votre ame et votre corps
Pour n'en pas faire un plus aimable usage ?
De tous les dons que le ciel vous a faits,
C'est abuser avec ingratitude
Que de cacher dans une solitude
Tant de présens pour n'en user jamais.
Non, je ne puis, sans répandre des larmes,
Voir enterrer tout vivans tant de charmes.
Du moins, avant d'entrer dans ce tombeau,
Et de quitter ce monde qui vous aime,
Connaissez-le, connaissez-vous vous-même;
Le sacrifice en sera bien plus beau.
Mais, direz-vous, quand je vous abandonne
Et tous ces biens que vous trouvez si doux,
C'est pour Dieu même. A lui seul je me donne;
De ce rival osez être jaloux.
Hé, cher enfant, dans quel coin de la terre
Pourriez-vous vivre, et n'être pas à Dieu ?

A son pouvoir rien peut-il vous soustraire?
Est-il ici plus qu'en un autre lieu?
Il est partout; son règne est en vous-même:
Tous les sentiers jusqu'à lui sont ouverts;
Il régit tout par sa bonté suprême,
Et nous conduit par des chemins divers.
Croyez-vous donc que, dans un monastère,
Du droit chemin rien ne puisse égarer?
Ce n'est pas tout que d'y savoir entrer;
Jusqu'à la fin il faut qu'on persévère;
Du même pas, sans se décourager,
Il faut aller au bout de la carrière.
C'est présumer, c'est être téméraire
Que s'y livrer sans prévoir le danger.
Laissez, laissez aux ames pénitentes
Qui dans leur route ont erré mille fois,
Pour réparer leurs fautes imprudentes,
Subir le joug de ces austères lois:
C'est une planche offerte dans l'orage
Qui peut encor les sauver du naufrage.
Mais vous, hélas! dont le cœur innocent,
Tout neuf encor, même à peine se sent,
Est-ce pour vous que ces rigueurs sont faites?
Mais, direz-vous, dans ces saintes retraites
On vit tranquille, et, comme dans un port,
Où de Satan on peut braver l'effort:

3

Ce que j'y vois d'exemples m'encourage ;
Une princesse auguste, aimable et sage
Qui m'éleva dès mes plus jeunes ans,
Qui me combla de ses soins bienfaisans,
En fit autant à la fleur de son âge.
Elle eut cent fois plus de dons en partage ;
Elle immola grandeur, honneurs, beauté,
Sans jusqu'ici les avoir regretté.
A l'imiter j'entends Dieu qui m'appelle,
Et je le sens aux transports de mon zèle.
S'il est ainsi, je ne vous retiens plus ;
Allez, JULIE, allez, soyez fidèle ;
Suivez toujours un si parfait modèle :
Tous nos conseils deviennent superflus.
Puissiez-vous être heureuse autant qu'aimable !
Dieu puisse-t-il vous être favorable !
Puissent vos vœux, que sa main va bénir,
N'être jamais suivis d'un repentir !

ÉPITRE

A MGR. L'ARCHEVÊQUE DE REIMS,

POUR LUI DEMANDER UNE GRACE.

ME conviendrait-il, monseigneur,
D'oser vous donner des étrennes ?
Non, mon aimable protecteur,
C'est de vous que j'aurai les miennes.
Je les espère et les attends ;
Je fais plus, je vous les demande,
Quoique ma peine la plus grande
Soit de recevoir des présens.
J'en refuserais de mille autres
Que je ne saurais estimer :
Pour recevoir, il faut aimer,
Et je serais charmé des vôtres.
Demander, dût-on réussir,
Est toujours un supplice extrême ;
Mais qu'on demande avec plaisir,
Quand on s'adresse à ce qu'on aime !

Sans trop faire le glorieux,
Pour moi j'ai la délicatesse,
Que, dans la plus grande détresse,
Je n'ai rien demandé qu'aux Dieux :
Pour, avec vous, après la grace
Que j'en attends, mon cher seigneur,
La reconnaissance en mon cœur
Ne pourra plus trouver de place ;
Et sans passer pour être ingrat,
J'aurai du moins cet avantage,
Que mon cœur, tendre et délicat,
N'en aimera pas davantage.

ÉPITRE

A MADEMOISELLE FAVART (1).

AIMABLE Favart,
A gentil corsage,
De qui l'air mignard,
Le joli ramage

---

(1) Mademoiselle Favart était une demoiselle de Reims, très-aimable. L'auteur feint poétiquement d'en être amou-reux. C'est un adieu qu'il lui fait en partant pour Paris.

Et le doux regard
Pourraient du plus sage
Causer le naufrage ;
Du jeune égrillard,
Comme du vieillard,
Sûre du suffrage ;
De qui le langage
Est naïf, sans art,
Comme le visage
Sans rouge et sans fard.
Près de mon départ
Pour un long voyage,
Reçois mon hommage
Et rimes en *ar* ;
Et garde en ôtage
Un cœur qui s'engage
A suivre ton char
Sans être volage.
Adieu badinage
Et style gaillard :
Loin de ce rivage,
Le chagrin grognard
Sera mon partage.
Dans ton voisinage
Tout vin est nectar,

Le ciel sans brouillard,
Les jours sans nuage.
Sans toi, toute plage,
La cour de César
N'est qu'un lieu sauvage,
Un triste hermitage,
Où mon œil hagard
Partout n'envisage
Rien qui le soulage;
Où tout seul à part,
Plein de ton image,
Qui me dédommage,
Je fais à l'écart
Un sot personnage.
Tout me décourage,
Quand je ne présage
Te revoir que tard,
Le plaisir m'outrage.
Ah! petit bâtard,
Dieu colin-maillard,
Qu'un tendre esclavage
Cause de ravages!
Sous ton étendart
Que l'on voit d'orages!
Mais contre ton dard
Que mettre en usage?

Est-il un rempart ?
Que sert le courage ?
On aime à tout âge ;
J'en tiens pour ma part,
Et c'est ton ouvrage,
Aimable Favart.
Mais mon griffonage
A rempli la page ;
Je suis un bavard.
Pardonne-moi, car
Je t'aime à la rage.

ÉPITRE

A Mme. LA MARQUISE D'HÉROUVILLE,

Qui se levait dès le point du jour pour aller à la chasse.

POURQUOI vous sauvez-vous des bras
D'un jeune époux qui vous adore,
Lorsque la diligente Aurore
Est encor au fond de ses draps ?

Passe qu'elle soit matinale,
Et qu'elle quitte un vieil époux
Pour se trouver au rendez-vous
Où l'attend le jeune Céphale :
Mais vous, qui n'avez point d'amant
Qui vous ait rendu le cœur tendre ;
Mais vous, qui voulez seulement
Donner de l'amour sans en prendre,
Où courez-vous donc si matin ?
Vous savez qu'à certaine abbesse
Coulange dit que la paresse (1)
Repose et rafraîchit le teint.
Mais, que vois-je ? une carabine,
Et d'un chasseur tout le harnois ?
L'Amour n'a pas si bonne mine
Avec son arc et son carquois.
Vous avez l'air d'une déesse ;
Endimion s'y méprendrait ;
Il vous prendrait pour sa maîtresse,
Si ce berger vous rencontrait.

(1) *Voici le couplet de Coulange :*

BELLE chanoinesse
De Saint-Augustin,
Vous vous levez trop matin ;
Un peu de paresse
Rafraîchit le teint.

Mais quelle est votre erreur extrême
De courir par monts et par vaux ?
Quitte-t-on un époux qu'on aime
Pour tirer sa poudre aux moineaux ?
Laissez, Iris, laissez ces armes
Qui ne sont point faites pour vous ;
C'est de vos yeux, remplis de charmes,
Que doivent partir tous vos coups.

ÉPITRE

A UN AMI,

SUR L'AMOUR.

Oui, c'est une grande folie,
Cher ami, que d'être amoureux ;
Mais (conviens-en entre nous deux)
C'est de toutes la plus jolie.
Cette ivresse, cette manie
Fait un état délicieux ;
Je trouve qu'elle déifie :
Avec une fidèle amie,
Partout on se croit dans les cieux ;

Loin de porter aucune envie
A la félicité des Dieux,
On ne craint que leur jalousie,
Et l'on se croit plus heureux qu'eux.
N'aime-t-on plus ? tout nous ennuie ;
Soi-même on devient ennuyeux.
J'ai connu cette maladie ;
J'ai ressenti de tendres feux ;
J'étais animé par les yeux
De mon inconstante Silvie ;
En rose elle eût changé l'ortie ;
Elle embellissait tous les lieux :
Et, versé par sa main chérie
Entre les Plaisirs et les Jeux,
Le plus maussade vin de Brie
Me paraissait plus gracieux
Que le nectar et l'ambroisie.
J'étais fou, mais j'étais joyeux ;
Je suis sensé, mais sérieux
Jusques à la mélancolie.
Mon esprit n'a plus de saillie,
Et mon cœur sent un vide affreux ;
Tout me paraît fastidieux.
Pour sortir de ma léthargie,
En vain je lis et j'étudie
Tous les auteurs les plus fameux ;

Dans toute leur philosophie
Je ne vois rien que de douteux.
Ma raison, ce guide amphibie,
Avec son flambeaux ténébreux
Me mène en des chemins scabreux,
Tantôt m'approuve, tantôt crie,
Tantôt elle me rend impie,
Et tantôt superstitieux;
Et ma conduite réfléchie
N'est plus qu'un cercle vicieux.
Je l'avoue et te le confie,
Je regrette mes premiers nœuds;
Et quelle que soit l'énergie
De tes conseils judicieux,
Oui, j'aimerais mille fois mieux
De l'amoureuse frénésie
Eprouver les transports fougueux,
Que le flegme triste et fâcheux
De la froide misantropie.
Mais en vain je forme des vœux;
Je sens bien que je suis trop vieux
Pour jamais aimer de ma vie;
Je voudrais, et je ne le peux,
Aimer jusqu'à l'idolâtrie;
Car l'excès seul nous rend heureux,
Et l'excès seul nous justifie.

ÉPITRE

A MADAME DE GRAFFIGNY,

SUR LA COMÉDIE DE *CÉNIE* (1).

JE reviens de ta comédie,
Graffigny, les larmes aux yeux;
Que j'aime la tendre Cénie,
Et ses sentimens généreux!

Dans son portrait que tu nous traces,
Que de charmes, que d'agrément!
Que de vertus et que de graces!
Que d'esprit et de sentiment!

(1) On a prétendu dans le monde que madame de Graffigny, sous le nom de *Cénie*, qui est l'anagramme du mot *Nièce*, avait voulu tracer le caractère de mademoiselle de *Ligniville*, sa nièce, depuis madame *Helvétius*. Mademoiselle de Ligniville demeurait alors chez madame de Graffigny. Cette demoiselle ne le cédait point à Cénie pour la beauté, les graces et la vertu. C'est sans doute cette ressemblance de caractère qui a donné lieu à la découverte de l'anagramme. Quoi qu'il en soit, M. l'abbé de Lattaignant saisit cette circonstance pour écrire à l'auteur de *Cénie* l'épitre suivante.

Quelle délicatesse extrême!
Que d'héroïsme en tes portraits!
Ah! qu'il faut en avoir soi-même
Pour s'exprimer comme tu fais!

C'est dans le sein de ta famille
Que tu puises des traits si beaux;
Ainsi Mignard peignait sa fille
Dans la plupart de ses tableaux.

Tantôt sous les traits de la Gloire,
De son héros guidant les pas;
Tantôt sous ceux de la Victoire,
Le couronnant dans les combats.

Ta Cénie est cent fois plus belle,
Et tu nous la peins beaucoup mieux;
Mais c'est qu'un plus parfait modèle
A chaque instant est sous tes yeux.

C'est un bonheur pour un grand maître
Qui peut peindre non-seulement
Son héros tel qu'il devrait être,
Mais comme il est réellement.

Que l'héroïne de ta pièce
Se fait reconnaître aisément!
Et que *Cénie* enfin de *nièce*
Fait l'anagramme heureusement!

C'est ainsi qu'en tous tes ouvrages,
Dignes de l'immortalité,
Pour tracer de nobles images,
Tu n'as jamais rien emprunté.

Si de l'adorable Cévie
On connaissait l'original,
Quel cœur ne porterait envie
Au bonheur du tendre Clerval?

Mais des graces comme les siennes
Ne peuvent jamais se cacher;
Jusqu'aux rives péruviennes
On la trouve sans la chercher.

ÉPITRE

A M. LE TOURNEUR,

Maître de Clavecin de Mme. la Dauphine et de Mmes. de France.

FAVORI du dieu du Permesse,
Et dès ta plus tendre jeunesse
Elevé, nourri dans sa cour,
Dont chaque muse tour à tour
Se chargea d'être la maîtresse,

Reconnais leurs soins bienfaisans :
Ces savantes enchanteresses
Sans doute prévoyaient le tems
Que tu formerais les talens
De nos adorables princesses.
Oui, ce sont elles qui t'ont mis
Dans la plus aimable des places.
Puisque c'est toi qui les instruis,
Tu peux dire : je montre aux Graces
Ce que les Muses m'ont appris.

ÉPITRE

A M. NININ,

Docteur de la Faculté de Reims, Médecin de S. A. S. M. le
Comte de Clermont, écrite le jour de la Saint-Louis, fête
de M. le Comte.

CHER médecin, c'est donc demain la fête
   Du prince aimable que tu sers :
Joins ma fleur au bouquet que pour lui l'on apprête ; *
   Qu'avec tes vœux les miens lui soient offerts.

---

* La maison du prince lui préparait une fête à Berni, dans
laquelle il y eut des jeux, des spectacles, des illuminations,
des feux d'artifice, etc.

Pour mieux faire agréer mon plus sincère hommage,
Fais-le lui présenter par les mains de l'Amour;
Tu connais bien ce dieu ; tu le vois chaque jour
Sous les traits de **Le Duc**, sa plus parfaite image.

  Je n'oserais, crainte de l'ennuyer,
      Joindre ici des vers à la gloire
      De ce héros que la Victoire
A cent fois couronné de mirte et de laurier;
      Et je serais un téméraire
  De hasarder un couplet de chanson,
      Lorsque, sous les traits de Laujon (I),
      Apollon est son secrétaire.
      Mais toi, par ta profession,
      Ton zèle et ton affection,
      Philippe d'un autre Alexandre,
      De mon respect ardent et tendre,
      Sois près de lui ma caution;
      Sois-y toujours sans fonction,
      Malgré le titre qui t'honore.
  Eh ! devrait-on craindre pour la santé
      D'un prince aimable qu'on adore,
Quand il a tant de droits à l'immortalité?

---

(1) M. Laujon, aujourd'hui membre de l'Académie française et président du Caveau moderne, était alors secrétaire des commandemens de S. A. S. M. le comte de Clermont.

ÉPITRE

AU PRINCE ÉDOUARD D'ANGLETERRE,

(Autrement dit le Prétendant, après son retour d'Écosse.

PRINCE, aussi grand que malheureux,
Ne regrette plus la couronne
Qu'ont porté les rois tes aïeux;
C'est la Fortune qui la donne.

On voit sur ton auguste front
Briller des rois l'illustre marque;
Et les rois même conviendront
Qu'un héros est plus qu'un monarque.

Poursuis, cher prince, montre-toi
Digne du sang qui t'a fait naître;
Sans doute il est beau d'être roi;
Plus beau de mériter de l'être.

Sois au-dessus de tes revers,
Quel que soit le sort de la guerre;
L'estime de tout l'univers
Vaut bien le sceptre d'Angleterre.

Le bien qu'on ne peut te ravir
Est préférable au rang suprême;
La vertu seule en fait jouir,
Et tu ne le dois qu'à toi-même.

D'ailleurs c'est ton Dieu que tu sers;
Dans sa promesse il est fidèle:
Pour la couronne que tu perds,
Il t'en réserve une immortelle.

ÉPITRE

A M. TANNEVOT.

ÉTRENNES.

Vous souhaiter la bonne année,
De cent autres accompagnée,
Vous pourriez vous croire insulté:
C'est trop peu pour un personnage
Qui, par maint excellent ouvrage,
Prétend à l'immortalité.
Mais distinguons, je vous en prie,
Et je n'aurai pas si grand tort;
Je sais qu'il est une autre vie
Dont on vit après qu'on est mort:

Or celle-là, tant désirée
Par les auteurs et les héros,
Elle vous est bien assurée;
Vous pouvez mourir en repos.
C'est celle dont Virgile, Homère
Vivant encor présentement.
Mais il en est une première
Dont on vit pendant son vivant,
Et qui ne nous est pas moins chère,
Pour peu qu'on ait de sentiment.
Je ne sais pas si c'est le vôtre,
Mais tel est mon goût, notre ami;
Je donnerais mille ans de l'autre
Pour un moment de celle-ci.
C'est donc cette première vie
Que je vous souhaite remplie
Et de plaisirs et d'agrémens;
Que tous les jours, tous les momens
En soient filés d'or et de soie,
Et qu'ils s'écoulent dans la joie,
Ou du moins dans la volupté,
Dont sait jouir un homme sage;
Que vous parveniez jusqu'à l'âge
De ce vieux Nestor si vanté.
Pour m'exprimer, non pas en moine,
Mais seulement en bon chanoine,

Qui, pour être un peu trop joyeux,
N'est pas moins fidèle et pieux,
Ou du moins qui n'est pas impie;
Il est encore une autre vie
A laquelle nous tendons tous,
Qu'on nomme la vie éternelle,
Et que j'espère comme vous.
Vous jouirez sûrement d'elle;
Vos vertus en sont bon garant;
Mais jouissons toujours de celle
Que Dieu nous laisse en attendant.

RÉPONSE

DE M. TANNEVOT

A L'AUTEUR.

Je te dois des remercîmens
Pour les propos par trop charmans.
Dans tes vers, remplis d'élégance,
Tu me donnes triple existence;
La présente et celle à venir.
Il est beau de ne point finir;

Je chéris l'une, je l'avoue,
J'aspire à l'autre, et m'y dévoue.
Mais quant à celle qu'on reçoit
D'ouvrages dignes de mémoire,
Et qui nous font voler tout droit
Au fameux temple de la gloire,
Par cent raisons j'en suis exclus,
Et ton calcul est superflus.
Il faudrait tes graces légères,
Ton beau feu, ton aménité,
Cet art de chanter les bergères
Et les belles de la cité;
De célébrer sur la fougère
Le fils de Sémèle indompté,
De parer un sujet austère
Des attraits de la volupté,
Pour s'élever jusqu'à la sphère
Qu'habite l'immortalité,
Avec Properce, avec Catulle,
Ovide, Anacréon, Tibulle,
Chapelle, la Fare, Chaulieu,
La Fontaine, ce demi-dieu,
Qui les vaut tous, et dont la veine
Renaît dans tes tendres écrits,
Pour fertiliser le domaine
Des Jeux, des Amours et des Ris.

Ces Dieux, par la main de Zéphyre,
Ont cent fois couronné ta lyre
De ces fleurs dont le vif éclat
Ne craint des tems nul attentat.
Ainsi donc tu seras célèbre
Où ma muse ne sera rien ;
Et compte ainsi que mon algèbre
Est beaucoup plus sûr que le tien.

~~~~~~

RÉPONSE

A UNE ÉPITRE

Composée au sujet d'une petite Chatte.

Vos jolis vers sur la minette
Dont on vous a fait le cadeau ;
Sentent de loin le bon poëte :
Leur tour est galant et nouveau.
On me flatte quand on m'en prête
Dans le goût un pareil morceau ;
Et j'avoûrai que ma musette
N'a jamais rien fait de si beau.
Que des rats de la maisonnette
~~~~~~

Cette chatte soit le fléau;
Qu'avec grace cette drôlette
Prenne souris et souriceau,
Et que, tapis en un monceau,
Dès qu'ils sortent de leur cachette,
Elle vous leur pince la peau;
Que nuit et jour elle les guette
Du grenier jusques au caveau;
Qu'elle les balotte et les jette
Du parquet jusqu'au soliveau;
Enfin, après mainte courbette,
Que son ventre soit leur tombeau,
C'est le métier de la follette;
Mais pour rats nés sous le chapeau
De quelqu'un qui, par amusette,
Fait des vers tirés au cordeau,
Et qui, sur la moindre sornette,
Sait faire épigramme et rondeau,
Je l'ai dit, et je le répète,
Je voudrais en voir un troupeau
Se promener sous ma tablette;
Rats sortis de votre cerveau,
Chacun voudrait en faire emplette;
Et je les mets presqu'au niveau
De ces rats nés sous la cornette
De celle que mon chalumeau,

Sous les noms d'Iris et Lisette (1),
A cent.fois chanté sous l'ormeau
Dans son agréable retraite (2),
Et que j'avais dans un tableau (3)
Peinte à la fois sage et coquette.'
Rats charmans qui sont un apeau,
Et rendent la beauté parfaite.
Qu'ils trottent sur votre bureau,
Et que rien ne les inquiète;
Apollon, au double coteau,
Les fait nourrir à la brochette;
L'Amour en a dans son berceau;
Vénus en a sur sa toilette.

---

(1) Madame de Boulogne.

(2) Maison de campagne de M. de Boulogne, à Auteuil.

(3) On verra le portrait dont il s'agit ici, dans le recueil des chansons.

ÉPITRE

A MADEMOISELLE DANGEVILLE,

ACTRICE DE LA COMÉDIE FRANÇAISE.

TANT de cœurs vous ont adorée,
Tant d'auteurs vous ont célébrée,
Que, quand j'aurais osé faire un public aveu
  De ma défaite et de votre victoire,
    J'aurais augmenté de trop peu
    Vos triomphes et votre gloire.
    Dans la liste des prisonniers
    Qu'un vainqueur, couvert de lauriers,
    A son char de triomphe enchaîne,
    On ne nomme que les héros
    Et les officiers généraux ;
    Tout au plus quelque capitaine ;
    Et l'on ne dit rien des soldats,
    Qui ne font que nombre à l'armée ;
    Ils ont beau perdre jambe et bras,
    Même mourir. la Renommée
    Ne citera seulement pas
    Ni Joli-Cœur, ni la Ramée.

Or je n'étais qu'un Joli-Cœur
Dans la milice de Cythère;
Plein de courage et de valeur,
Quelquefois même téméraire.
Mais que servent à mes égaux
L'honneur, la bravoure et l'audace?
La Nature fait les héros,
La Fortune les met en place.
Ainsi vos charmes, vos talens
Vous font tous les jours mille amans
Que le sort contraint à se taire.
Sans espérance de vous plaire,
Ils n'expriment leurs sentimens,
Dont vous ne vous souciez guère,
Que par leurs applaudissemens,
Et dans la foule du parterre.

FIN DES ÉPITRES,

POÉSIES DIVERSES.

MADRIGAL.

A MADEMOISELLE MICHEL.

Jeune Iris, tu ne veux que rire ;
Eh bien ! chantons les Ris, les Jeux ;
Mais, sans t'offenser, si ma lyre
Forme quelques sons amoureux,
Ne pense pas que je me flatte
De retour dans mes tendres feux :
Quand je n'aimerais qu'une ingrate,
Aimer suffit pour être heureux.

ÉPIGRAMME

Sur une personne qui avait fait de mauvais vers contre l'Auteur.

Cher Palémon, tu peux médire
Et de moi-même et de mes vers,
Critiquer à tort, à travers,
Jamais je n'en ferai que rire.

Tu n'as rien à craindre de moi,
Et de bon cœur je te pardonne :
Tes vers, qui n'amusent que toi,
Ne peuvent offenser personne.

MADRIGAL.

A MADAME ROSSIGNOL.

LE nom de Rossignol vous convient à merveille,
Jeune objet qui charmez mes yeux et mon oreille :
Vous avez le gosier qu'il possède aujourd'hui,
Et les charmes qu'avait autrefois Philomèle.
    Qui vous entend, croit que c'est lui,
    Et qui vous voit, croit que c'est elle.

AUTRE.

A MADAME LE LEU.

LORSQUE vous m'inspirez quelques couplets galans,
Aux dépens de mon cœur vous louez mes talens :
Ayez de mon amour de plus justes idées ;
    Je ne dis que ce que je sens ;
    Vous prenez tout pour des pensées,
    Ce ne sont que des sentimens.

AUTRE.

A M. LE MARÉCHAL DE SAXE,

Lorsque le roi lui donna le gouvernement des Pays-Bas.

Louis couronne tes exploits :
Tout le monde applaudit au choix
Du plus juste de tous les princes.
Hé ! qui pourrait s'en étonner ?
Qui sait conquérir des provinces,
Est digne de les gouverner.

CONTE ÉPIGRAMMATIQUE.

Un jeune auteur, qui ne fait que de naître,
Mais qui promet d'être un jour un grand maître,
Aux gens de l'art présentait, en tremblant,
Son coup d'essai : l'ingénieux ouvrage
Fut applaudi de tout l'aréopage ;
Du candidat on loua le talent.

Lors un docteur, plus orgueilleux qu'habile,
Dit au sénat : tout l'honneur m'en revient ;
A mes leçons je l'ai trouvé docile ;
Tout ce qu'il sait, c'est de moi qu'il le tient.
Mais, pour répondre à sa fanfaronade,
Certain railleur répliqua : je le crois ;
Ne voit-on pas des poules quelquefois
Couver des œufs de faisan et pintade ?

ÉPIGRAMME.

A MADAME D'HÉROUVILLE,

Qui avait jeté de l'eau au visage de l'Auteur.

Iris, au retour de la chasse,
L'autre jour, pour se divertir,
D'un pot d'eau m'eût couvert la face,
Si n'eusse su m'en garantir.
D'abord je badinai comme elle ;
J'en ris, mais depuis j'ai pensé
Que ce n'était pas bagatelle ;
Que si son eau m'eût arrosé,
Peut-être aussitôt par la belle
J'eusse été métamorphosé.

Il n'en fallut pas davantage
Pour changer en cerf Actéon :
Diane lui jeta, dit-on,
Deux gouttes d'eau sur le visage ;
Les cornes lui vinrent au front.
Quand mesdames les immortelles
Veulent parfois rire avec nous,
Craignons, craignons toujours leurs coups.
Il ne fait pas sûr avec elles.

AUTRE

Sur une Demoiselle un peu coquette , qui venait de se marier.

Quoi ! Philis, qui t'était si chère,
Amour, la céder à l'Hymen !
Bon , dit-il, j'attrape mon frère ;
Je la lui reprendrai demain.

AUTRE.

A MADEMOISELLE LIONNOIS,

Actrice de l'Opéra, dansant, sous la forme du Diable, sur ce théâtre, dans l'opéra de *Zoroastre*.

J'AVAIS toujours eu peur du Diable ;
Je me le peignais effroyable ;
Mais sous tes traits quand je le vois,
Je pense bien d'une autre sorte,
Et je dis : belle Lionnois,
Je veux que le Diable m'emporte.

ÉPITAPHE

DE M. LE MARÉCHAL DE LOWENDAL.

CI-GÎT un des plus grands héros
Qui jamais ait servi la France,
Et qui laissa de sa vaillance
Plus d'envieux que de rivaux.

RONDEAU.

A MADAME SANSON,

COUSINE DE L'AUTEUR.

C'EST tout mon bien, cousine, ma mignonne;
C'est tout mon bien qu'une muse boufsonne :
Je te présente un plat de sa façon ;
C'est un rondeau ; s'il ne te parait bon,
Je n'en puis mais, il faut qu'on me pardonne.
Tu le sais mieux mille fois que personne,
Qu'au moins chez moi l'intention est bonne :
Je ne saurais te faire un autre don :
          C'est tout mon bien.
Richesse n'est ce que j'ambitionne,
Et ne voudrais des Dieux une couronne
Que pour l'offrir à ma chère Manon :
Mais je fais là vainement le gascon ;
Je n'ai qu'un cœur, prends-le, je te le donne;
          C'est tout mon bien.

STANCES PHILOSOPHIQUES.

La Fortune est, dit-on, sans yeux,
Et le Destin capricieux;
   Mais hasard à la banque;
Lorsque l'on sait borner ses vœux,
Soi-même on peut se rendre heureux:
   J'ai tout ce qui me manque.

C'est dans la médiocrité
Qu'on trouve la félicité:
   Crois-moi, mon cher Tibulle,
Restons dans un sage milieu;
On se gèle trop loin du feu,
   Et trop près on se brûle.

Je ne forme point de desirs
Qu'autant qu'exigent les plaisirs;
   Et pour goûter la vie
De ce que j'ai je sais jouir;
Ce que je ne puis obtenir
   Me cause peu d'envie.

Tous les jours je rends grace aux Dieux
Des bienfaits que j'ai reçus d'eux,
   Et ne fais nulle plainte :
Soumis aux ordres du Destin,
Tranquillement j'attends ma fin
   Sans desir et sans crainte.

Le passé ne peut revenir ;
On ne peut prévoir l'avenir ;
   Du présent est-on maître ?
J'en jouis sans l'approfondir :
Les Dieux m'ont formé pour jouir
   Et non pas pour connaître.

Je m'amuse sans m'occuper :
L'étude a su me détromper
   Du profit qu'on en tire.
Que sert de lire et méditer ?
Hélas ! l'on n'apprend qu'à douter
   En cherchant à s'instruire (I).

---

(1) Dans cette strophe et les trois précédentes, l'auteur s'est peint parfaitement. Personne n'a eu moins d'ambition ni moins de souci. Jouir du présent, était sa devise.

Raison, que sert ton vain flambeau,
Qui doit, dit-on, jusqu'au tombeau
   Eclairer l'homme sage ?
Dans notre enfance à peine il luit ;
Dans la jeunesse il éblouit ;
   Il s'éteint avec l'âge.

Que l'homme est grand ! qu'il est petit !
Qu'il est borné ! qu'il a d'esprit !
   Prodigieux problême !
Des astres il connaît le cours,
Celui des saisons et des jours,
   Et s'ignore lui-même.

BOUQUET APRÈS COUP.

A MADAME TH***.

J'AI laissé passer votre fête
Sans vous présenter de bouquet,
Et n'en suis pas plus malhonnête :
C'est à dessein que je l'ai fait.
Il est des jours où l'on honore
Les mortels et les demi-dieux ;
Mais pour les Dieux, on les adore
Tous les jours et dans tous les lieux.

PORTRAIT

DE MADAME LA COMTESSE SABATINI,

Qui se nommait *Madelaine.*

Vous avez, belle Madelon,
Plus d'attraits que votre patronne,
Qui, de son siècle, se dit-on,
Etait la plus belle personne.
Elle eut comme vous blanc chignon
Et chevelure d'Erigone;
Depuis le front jusqu'au talon
Faite comme Flore et Pomone;
Mais entre vous je ne soupçonne
Aucune autre comparaison;
Car elle avait le cœur trop bon;
Pour vous, vous n'êtes pas trop bonne.
Elle avait le regard fripon,
Et vous, celui d'une amazone;
Elle, le cœur comme un tison;
Vous, froide comme une matronne.
Madelaine avait le renom
D'être en amour un peu friponne;

6*

Vous, fidèle comme Didon,
Ne voudriez, pour la couronne,
A votre ami faire faux bon.
Coquette en sa jeune saison,
Pénitente dans son automne,
De ses péchés elle eut pardon;
Vous, pleine en tout tems de raison,
Qui jamais ne vous abandonne,
L'obtiendrez-vous comme elle? Non.
Que voulez-vous qu'on vous pardonne.

STANCES

A MADAME DE CHANGI,

PARENTE DE L'AUTEUR,

Sur sa maison de campagne.

VOTRE maison a son mérite;
Car, quoiqu'elle soit fort petite,
Souvent des Plaisirs et des Ris
On y trouve toute la bande;
Et, pour loger de vrais amis,
La plus petite est assez grande.

Une petite compagnie,
Bien choisie et bien assortie,
Où chacun se parle aisément,
A la nombreuse est préférable,
Où souvent à peine on s'entend
D'un bout à l'autre de la table.

Lorsque le bon cœur assaisonne
Ce qu'à ses convives l'on donne,
Ils font un excellent repas ;
De bon vin dans un petit verre,
De bons mets dans de petits plats,
C'est vraiment là la bonne chère.

Pour peu qu'une femme jolie
Nous inspire quelque saillie,
Ou quelque petite chanson,
Le chantre devient un Orphée ;
C'est un palais que la maison
Dont la maîtresse est une fée.

Le plaisir est toujours la cause
Qu'ainsi tout se métamorphose.
Quand, à travers de son bandeau,
L'Amour fait voir une maîtresse,
En elle tout nous paraît beau ;
Elle devient une déesse.

VERS

A M. DE BOULOGNE,

En lui envoyant pour étrennes un petit Chien d'émail enchaîné.

OTEZ, ôtez, disait ce chien,
Une chaîne qui m'embarrasse :
Je vous aime ; c'est un lien
Plus sûr, et qui jamais ne casse :
Les autres ne servent de rien.
C'est ainsi qu'un tendre ami pense ;
J'étais à vous déjà par l'amitié ;
Vous m'attachez par la reconnaissance ;
N'est-ce pas trop de la moitié ?

VERS

A MADAME DE BOULOGNE,

En lui envoyant un Chat.

N'ÊTES-VOUS point cette gentille chatte,
Si mignonne, si délicate,
Qu'un homme autrefois tant aima ;
Que Jupiter, touché de ses vœux, de ses larmes,

En femme un jour la transforma,
Et, comme vous, l'orna de mille charmes?
    Sans doute, et malgré tant d'attraits,
Sous les traits séducteurs d'une femme adorable,
Le caractère en vous est trop reconnaissable :
    Le naturel ne se dément jamais.
Vous avez les façons, les graces, la malice
    D'un jeune chat; et quand vous avez pris
Un pauvre cœur, quelle est votre injustice?
    Vous en jouez, aimable Iris,
    Et le traitez, quoiqu'il gémisse,
    Comme le chat fait la souris.
    Vous égratignez qui vous flatte,
    Et n'épargnez pas vos amis;
    L'amant même le plus soumis
    N'est point exempt du coup de patte.
    Tout aveugle qu'il est, l'Amour,
    Ayant découvert ce mystère,
    Se métamorphose à son tour
    Dans l'espérance de vous plaire.
Reconnaissez-le, Iris, sous la forme du chat :
    On se déguise quand on aime :
    Mais, malgré son adresse extrême,
    J'ai peur qu'il ne prenne qu'un rat.

VERS

A MADEMOISELLE GAUSSIN,

ACTRICE DE LA COMÉDIE FRANÇAISE,

Qui s'accusait, en badinant, d'avoir un dragon dans l'œil.

GAUSSIN, à qui tout rend les armes,
Et qui n'en a pas plus d'orgueil,
De ses beaux yeux quand on vante les charmes
Dit avoir un dragon dans l'œil.
C'est donc ce dragon redoutable
Qui devait épouser Psyché.
Ah! c'est l'Amour chez elle un tems caché,
En vous toujours reconnaissable.
Oui, Gaussin, vous avez raison;
Je le reconnais ce dragon
Si redoutable et si farouche,
Vainqueur des mortels et des Dieux;
Il badine sur votre bouche;
Il triomphe dans vos beaux yeux.

VERS

SUR MADAME D'ESTA.

L'AUTRE jour j'apperçus d'Esta
Que nature si bien traita,
Que de tout charme elle dota
Et de graces au prorata;
Lors mon cœur, qu'elle transporta,
D'abord tout stupéfait resta;
Tout bas le mouchoir lui jeta,
Et de l'adorer protesta.
Le serment il en répéta;
Mais ce beau dessein avorta;
Trop de monde me supplanta;
Chacun en passant s'arrêta,
Et des regards la convoita;
En soupirs plus d'un éclata;
Aucune ne lui disputa
Le prix que Vénus remporta;
Cette beauté, sans errata,
Qui n'a pas son duplicata,
Plus d'un vieillard ressuscita;

Elle anima plus d'un bêta :
Un robin la sollicita ;
Un gros financier la tenta ;
Un petit-maître se vanta ;
Un petit-collet la flatta ;
Un fameux auteur la chanta ;
Plus d'une madame Honesta,
Que la jalousie excita,
Mainte sottise en débita,
Dont quelqu'un la félicita ;
Elle, plus fière que Vesta,
De rien ne se déconcerta :
Je vis l'Amour qui l'acosta ;
Ce dieu tous ses traits lui prêta ;
Dame Cypris s'en irrita ;
Entre ses dents jura, pesta ;
Son fils peu s'en inquiéta :
Ayant fait ce petit nota,
Votre serviteur la quitta.

L'EMBARRAS DU CHOIX.

A M. L'ABBÉ DE LA P...,

Qui avait invité l'Auteur à dîner chez lui, avec trois Dames
très-aimables.

JE suis enchanté des trois belles
Qu'on voit briller en ce repas;
S'il fallait décider entre elles,
Je serais en grand embarras;
Graces, talens et gentillesses
Nuancent si bien leurs appas,
Qu'on croirait voir les trois déesses,
Junon, et Vénus et Pallas.

Chacune mérite qu'on l'aime;
On le peut dire sans fadeur;
Mais j'ai trois juges en moi-même,
Mes yeux, mon esprit et mon cœur.
Or, les accorder n'est pas chose
Si facile que tu le crois;
J'appointerais plutôt la cause
Que de précipiter mon choix.

7

Je remets en tes mains la pomme,
Puisqu'on ne peut la partager ;
Pâris était un galant homme ;
Mais trop galant pour bien juger.
Songe à mieux remplir son office ;
Ne va pas de même à ton tour
Pour le bandeau de la Justice
Prendre le bandeau de l'Amour.

* * *

INVITATION.

AIMABLE objet de ma tendresse,
Revenez, Philis, revenez :
Que les Ris et les Jeux qui vous suivent sans cesse
Reviennent avec vous dans ces lieux fortunés.
Les chagrins, les dégoûts, les ennuis, la tristesse,
S'emparent d'un séjour que vous abandonnez.
  Revenez, Philis, revenez.
  Tout languit pendant votre absence ;
Les lieux semblent affreux quand vous disparaissez ;
Mais par votre retour vous les embellissez :
  Par votre divine présence
  C'est vous seule qui les ornez.
  Revenez, Philis, revenez.

Comme on voit la saison nouvelle
Ramener avec soi les fleurs et les zéphirs,
Un tendre amant avec sa belle
Voit renaître tous ses plaisirs.
Rendez-vous aux desirs de mon amour fidèle,
Au plaisir de vous voir tous les miens sont bornés.
Revenez, Philis, revenez.

CAPRICE.

Oui, j'adore et je hais Thémire ;
Je la fuis et je la desire,
Ma haine égale mon amour ;
Je la désaprouve et l'admire,
Je la loue et je la déchire ;
En même tems, ou tour à tour
Elle me rebute et m'attire :
J'y crois renoncer chaque jour,
Et suis toujours sous son empire.
Tantôt objet de mon encens,
Tantôt objet de ma satyre,
Rien n'égale ce que je sens,
Ni mon plaisir, ni mon martyre.
Dans un cœur peut-on rassembler
Tous les sentimens qu'elle inspire ?
Il m'est plus aisé d'en médire
Cent fois, que de n'en point parler.

ÉTRENNES.

A MADAME DE LA MARTELIÈRE.

Je voudrais bien, disait le tendre Amour
A la belle La Martelière,
Vous présenter quelque étrenne en ce jour;
Mais las! je ne sais comment faire.
Des cœurs, vous en faites litière
Et les traitez avec mépris :
Tout ce que j'avais dans Cythère
De plus rare et de plus haut prix,
Je m'en suis privé pour vous plaire.
J'ai volé pour vous à ma mère
Cette fameuse pomme d'or
Qui jadis la rendit si fière.
Une autre fois pour vous encor
Je lui dérobai sa ceinture.
Des Graces j'ai pris la parure,
Et j'ai pillé tout leur trésor :
Je vous ai donné tous mes charmes;
Je vous ai mis en main mes armes;
Je ne sais plus qu'imaginer;
J'en suis dans une peine extrême;
Mais que reste-t-il à donner
Lorsque l'on s'est donné soi-même?

UNION.

A M. DE COISEAU,

SUR SON MARIAGE.

Trois saints mots (1) prononcés par un homme à
    soutane
Vont donc éteindre en toi toute flamme profane ?
Désormais de l'Amour bravant la sarbacanne,
Tu n'iras plus courir de Magdelon à Jeanne.
J'approuve ton dessein, loin que je le condamne.
Ton corps était déjà presque tout diaphane,
Et tu ne portes pas demi-once de panne.
Nous t'avons vu souvent avec rhubarbe et manne
De ton faible estomac rétablir la membrane.
Tu ne pouvais marcher sans l'appui d'une canne.
Votre jeunesse, ami, comme une fleur se fane :
Tu n'as ni les défauts ni les talens de l'âne ;
Le métier t'eût bientôt réduit à la tisanne.
Surtout ne revois plus l'enchanteuse Roxane ;

---

(1) *Ego vos conjungo.*

7*

Laisse, sans t'émouvoir, pleurer cette Ariadne :
Dans les champs du voisin faut-il qu'un riche glane ?
Tu prends une moitié qui ressemble à Diane,
Et de qui la vertu n'a pas la moindre tanne.
Le bois ne croîtra point sur le haut de ton crâne.
Vivez tous deux contens comme dans leur cabane
Baucis et Philémon, qui des Dieux sont l'organe.
Ce sont mes vrais souhaits, ou le bon Dieu me damne.

RÊVE.

A MADAME LA MARQUISE DE SOURDIS,

Qui, dans un transport de fièvre, avait rêvé qu'elle aimait
l'Auteur.

Vous rêvez, vous songez à moi
Lorsque la fièvre vous agite :
Qu'est-ce à dire, Iris, et pourquoi
M'oublier quand elle vous quitte ?
Ce mal vous cause un tel transport,
Que pour moi vous devenez tendre ;
Et moi je vous aime si fort,
Que le transport pourrait m'en prendre.

Invente, Amour, pour la guérir,
Quelqu'élixir ou quelque baume :
Son mal la ferait trop souffrir ;
Mais conserves-en le symptôme.
Tu peux soulager cette ardeur
Mieux que toute la médecine,
En faisant passer dans son cœur
Le feu qu'elle a dans la poitrine.

A MADAME DE ***,

En lui donnant un almanach.

Ne croyez pas cet almanach,
Menteur comme celui de Liège,
Qui prédit, *ab hoc* et *ab hac*,
Le beau tems, la pluie ou la neige :
Les beaux jours sont indépendans
Du riant Zéphyr et de Flore ;
Lubin ne trouve de printems
Qu'auprès d'Annette qu'il adore :
Vous devez bien imaginer
Que Mathieu Lansberg, ni les autres
N'ont pas le don de deviner ;
Mais vous pouvez faire les nôtres.

Ainsi je crois les plus beaux jours
Ceux qu'on passe dans votre absence ;
Les plus heureux et les plus courts,
Ceux qu'on passe en votre présence.
Les jours ne sont pas tous charmans ;
Toute saison n'est pas la même ;
Mais l'hiver même est un printems
Quand on est près de ce qu'on aime.

SUR MONSIEUR GERBIER,

CÉLÈBRE AVOCAT.

VOICI le dieu de l'éloquence,
Qu'aucune Daphné ne peut fuir.
Il est peu de beautés, je pense,
Qui ne l'écoutent sans plaisir.
Thémis croit faire des merveilles
De mettre un bandeau sur ses yeux ;
Mais on sait que par les oreilles
Souvent il séduit encor mieux.

CHANSONS.

LE BOUQUET.

A DEUX DEMOISELLES,

Qui se nommaient *Nicole.*

SAINT-NICOLAS, patron des filles,
En voici deux des plus gentilles;
Pour elles ne prîrez-vous pas?
Les époux de ces tourterelles
Seraient trop heureux avec elles;
Mariez-les, mariez-les, Saint-Nicolas.

Outre les dons de la fortune,
Elles ont (dot bien moins commune)
Mille vertus et mille appas.
Je vois deux amans faits pour plaire (1)
Qui feraient si bien leur affaire.
Mariez-les, mariez-les, Saint-Nicolas.

---

(1) Deux messieurs de Reims.

Quoique dans teur tendre jeunesse,
Et malgré leur délicatesse,
Croyez qu'elles n'en mourront pas.
Leur petit cœur, quand il soupire,
Et leurs doux yeux semblent vous dire :
Mariez-nous, mariez-nous, Saint-Nicolas.

On sait assez ce que demande
Fille qui vous porte une offrande :
Elle a beau marmoter tout bas ;
Toujours la plus indifférente
Vous dit dans sa prière ardente :
Mariez-nous, mariez-nous, Saint-Nicolas.

De ce grand jour voici l'antienne ;
Joignez votre voix à la mienne,
Mais ne la chantez pas si bas.
Sans faire la sainte mitouche,
Comme de cœur, dites de bouche :
Mariez-nous, mariez-nous, Saint-Nicolas.

MUSETTE.

Tyrsis, voyant que sa Lisette
S'attendrissait en l'écoutant,
N'avait recours qu'à sa musette,
Et ne s'exprimait qu'en chantant.

Tu m'enchantes, dit la follette ;
Mais veux-tu chanter tout le jour ?
Eh quoi ! Tyrsis, le tendre Amour
N'a-t-il donc point d'autre interprète ?

Vois-tu sous ce naissant feuillage
Ces oiseaux badiner entre eux ?
Ils interrompent leur ramage
Pour prouver autrement leurs feux.
Tes tendres chants et ta musette
Peuvent m'amuser à leur tour :
Mais quoi ! Tyrsis, le tendre Amour
N'a-t-il donc point d'autre interprète ?

Amans qui, près d'une coquette,
Croyez la charmer par vos sons,
Sachez qu'ainsi que pour Lisette,
Chansons pour elle sont chansons.
Vos tendres chants, votre musette
Peuvent l'amuser à leur tour ;
Mais, pour mieux exprimer l'amour,
Changez quelquefois d'interprète.

LES AMANS ACCOMMODANS.

Air à faire.

Si Catin m'est peu fidèle,
Je ne suis pas, en l'aimant,
    Plus constant.
Pourquoi me plaindrais-je d'elle,
Lorsque j'en fais tout autant?
Elle est coquette à ma barbe;
J'embrasse à ses yeux Daphné:
On me passe la rhubarbe,
Et je passe le séné.

Mode mineur.

Tous deux contens
D'une si douce chaîne,
    Nos nœuds charmans
Doivent durer long-tems.
    Quel sort plus doux !
L'inquiétude et la peine,
    Les soins jaloux
Ne sont pas faits pour nous.

LE CABINET DU PHILOSOPHE.

J'AIME beaucoup mon cabinet ;
Je passe en ce réduit secret
Plus de la moitié de ma vie ;
Mais ne crois pas, pauvre idiot,
Que là je lise et j'étudie ;
Non, non, je ne suis pas si sot.

Ce n'est Descartes, ni Newton,
Ni Virgile, ni Cicéron,
Ce n'est Socrate, ni Sénèque,
Ni Platon, surnommé Divin,
Qui forment ma bibliothèque,
Mais force liqueur et bon vin.

Thémire, dont je suis la loi,
Vient philosopher avec moi :
Le spectacle de la nature,
Que tour à tour nous nous prêtons,
Y fait notre unique lecture ;
Nuit et jour nous le feuilletons.

Thémire est seule mon docteur,
Mon maître et mon répétiteur :

8

Sans avoir appris dans les classes
De vaines puérilités,
C'est sous ce régent plein de graces
Que j'ai fait mes humanités.

L'éloquence est un art trompeur :
Jamais ce jargon suborneur
N'est employé par ma Thémire.
A quoi lui servirait cet art ?
Elle n'a besoin pour séduire
D'autre moyen que d'un regard.

Entre nous deux jamais d'*ergo*,
Ni de sophisme en *baroco :*
Nous laissons ces vaines sciences
Et nous tirons tout simplement
Nos preuves et nos conséquences
Du fond même du sentiment.

Sans alambiquer des secrets
Métaphysiques, trop abstraits,
C'est en consultant la nature
Que nous allons à son auteur ;
Et dans la belle créature
Nous admirons le Créateur.

C'est dans cet aimable réduit
Que nous travaillons jour et nuit ;

Des lois de la saine physique
Nous faisons notre amusement,
Et nous réduisons en pratique
Les principes du mouvement.

Nous savons dans nos doux loisirs
Diversifier nos plaisirs.
Si nous raisonnons de morale,
Nous posons pour dogme certain
Qu'il faut éviter le scandale
Et toujours aimer son prochain.

Sur les controverses du tems
Sans faire de vains argumens,
Elle me prouve que la grace,
Avec ses séduisans appas,
Par elle-même est efficace,
Et que l'on n'y résiste pas.

Nous respectons princes et rois,
Et ne connaissons d'autres lois
Que ce que la nature ordonne,
Et ce que la raison nous dit,
Que l'on ne doit faire à personne
Que ce qu'on voudrait qu'on nous fît.

Cette belle est mon médecin;
Je la préfère à Dumoulin;

Car ma Thémire, d'une œillade,
Ferait revenir la santé;
Et dans ses mains le plus malade
Est dans l'instant ressuscité.

De tout tems on a disputé
En quoi gît la félicité;
Nous méprisons ces vains systêmes
De l'ignorance et de l'erreur,
Et nous éprouvons par nous-mêmes
Que s'aimer fait le vrai bonheur.

COUPLET

A MADEMOISELLE DE LA SALLE,

Sur sa jolie voix.

Les sirènes sans pareilles
Dont on raconte tant d'exploits,
Par le charme seul de leur voix
Faisaient, dit-on, tant de merveilles;
Mais vous charmez tout à la fois
Les yeux, le cœur et les oreilles.
Ulysse brava leur pouvoir;
Du vôtre il n'eût pu se défendre,
Et c'en est assez, pour se rendre,
De vous entendre sans vous voir,
Ou de vous voir sans vous entendre.

LÆTAMINI.

Puisque c'est votre fête
Qu'on célèbre aujourd'hui,
Il faut à pleine tête
Chanter *Lœtamini*.

Chœur.

Chantons *Lœtamini*,
Chantons *Lœtamini*,
Chantons *Lœtamini*,
Chantons *Lœtamini*.

L'alégresse publique
S'exprime par des cris
Qui valent la musique
Des Rameaux, des Lullys.

Chantons *Lœtamini*, etc.

Sautons tous en cadence;
Le plaisir nous instruit;
Et toujours va qui danse;
Le proverbe le dit.

Chantons *Lœtamini*, etc.

Lorsque le cœur s'exprime,
On l'entend, il suffit :
En prose comme en rime,
Ce qu'il dit est bien dit.

Chantons *Lætamini*, etc.

L'objet de notre hommage
A nos vœux applaudit :
En faut-il davantage ?
Voyez comme elle rit.

Chantons *Lætamini*, etc.

Elle excuse notre âge ;
Le zèle nous conduit ;
Et du cœur c'est l'ouvrage
Plutôt que de l'esprit.

Chantons *Lætamini*, etc.

PORTRAIT

[DE MADAME LA COMTESSE DE PONS.

AIR : Quand l'auteur de la nature.

QUAND l'auteur de la nature
Composa ta gentille figure,
Comme en une mignature,
Il a fait
Des Graces un extrait.

Dans tes yeux la volupté brille ;
Dans tout ton air le plaisir pétille,
Engageante,
Séduisante,
Trait pour trait,
Voilà ton vrai portrait.

Quand l'auteur de la nature
Composa ta gentille figure,
Comme en une mignature,
Il a fait
Des Graces un extrait.

Quelle mine
Vive et badine !
Ta légèreté
Et ta gaîté,
Tout excite,
Tout invite ;
Le plus froid pousse des soupirs :
Près de toi, même Héraclite
Formerait de joyeux desirs.

Quand l'auteur de la nature
Composa ta gentille figure,
Comme en une mignature,
Il a fait
Des Graces un extrait.

~~~~~~~~~~~~~~~~~~~~~~~~~~~~~~~~~~~~~

PORTRAIT

DE MADEMOISELLE COQUEBERT.

Air de la fanfare de Choisi.

PEUT-ON, sans être indiscret,
Tracer ici ton portrait ?
Dans mon cœur il est parfait :
Mais pour le rendre en un trait,
Mille appas dans ton corset,
Mille rats sous ton bonnet.
~~~~~~~~~~~~~~~~~~~~~~~~~~~~~~~~~~~~~

Peau plus blanche que du lait,
Le poil tant soit peu brunet,
Le regard tendre et coquet,
Le sein ferme et rondelet,
Le corps et l'esprit bien fait,
L'humeur un peu tourniquet.

La voix d'un chardonneret,
Le babil d'un sansonnet,
La finesse d'un furet,
Et l'adresse d'un minet ;
Enfin de tout ce qui plaît
Un assemblage complet.

PORTRAIT

DE MADAME DE POUILLY.

AIR : Nous sommes précepteurs d'Amour.

A Thémire ne doit-on pas,
Sans hésiter, donner la pomme ?
De son sexe elle a les appas,
Et les vertus d'un galant homme.

Sans vouloir plaire elle en plaît mieux,
Et n'est coquette ni farouche.
Les Graces brillent dans ses yeux,
Et la Vérité sur sa bouche.

Son cœur, sensible à l'amitié,
Est incapable de faiblesse:
Le nom d'Amour lui fait pitié,
Mais sans offenser sa sagesse.

Cette louange est un encens
Que l'on est forcé de lui rendre;
Mais elle aime mieux en tous tems
La mériter que de l'entendre.

PORTRAIT

DE M. ET MADAME DE LOWENDAL.

Air de la Ressemblance et de la Différence.

Vous êtes faits tous les deux
Pour être victorieux;
Voilà la ressemblance:
Lui, par l'effort de son bras;
Vous, par vos yeux pleins d'appas;
Voilà la différence.

Rien ne résiste à ses coups,
Et tout se soumet à vous;
  Voilà la ressemblance :
Vous prenez, charmans vainqueurs,
Lui, des villes; vous, des cœurs;
  Voilà la différence.

Quel destin plus glorieux !
Vous triomphez en tous lieux ;
  Voilà la ressemblance :
Lui, de nos fiers ennemis;
Et vous, de tous vos amis;
  Voilà la différence.

La victoire, qu'il conduit,
Vole après vous et vous suit;
  Voilà la ressemblance :
Il la partage avec tous ;
Vous ne la devez qu'à **vous**;
  Voilà la différence.

PORTRAIT

DE MADAME DE VERNOUILLET.

Air des Trembleurs.

Pour peindre d'après nature
Vernouillet en mignature,
Il faudrait que la peinture
Pût exprimer à la fois
D'une nymphe le corsage,
D'une grace le visage,
D'une muse le langage,
D'une sirène la voix.

PORTRAIT

DE MADAME PORTAIL.

Air des cinq voyelles,
ou : En quatre mots je vais vous conter çà.

Vois ces beaux yeux et ce joli poitrail,
Ce teint de lys, ces dents d'émail,
Ces lèvres de corail.
Quel ortolan! quelle caille!
Le turc n'a rien qui la vaille

Dans tout son sérail.
Elle plaît sans art et sans travail,
En gros comme en détail :
L'Amour, pour un long bail,
Loge avec tout son attirail
Chez l'aimable Portail.

PORTRAIT

DE MADEMOISELLE PETIT-PAS,

Fameuse Cantatrice de l'Opéra.

VOUS chantez comme une sirène,
Vous buvez autant que Silène,
Et vous aimez mieux que Cypris ;
Des Plaisirs vous êtes la reine :
Partout vous remportez le prix,
A la table, au lit, sur la scène.

PORTRAIT

DE MADAME ROSSIGNOL.

N'es-tu point cette sirène
Dont Ulysse fut charmé,
Ou cette adorable Hélène
Par qui tout fut consumé ?

Dans tes sons que de justesse !
Dans tes yeux que de tendresse !
Quel cœur n'en serait enflammé !
N'es-tu point cette sirène, etc.

Ta tendre voix nous rappelle
Les accens de Philomèle ;
Tant l'amour est bien exprimé.
N'es-tu point cette sirène, etc.

Rossignol, tu nous retraces,
Par tes talens et tes graces,
Tout ce que la fable a nommé.
N'es-tu point cette sirène, etc.

Parais-tu ? l'on croit voir Flore :
Danses-tu ? c'est Terpsicore ;
Tant chaque pas est bien formé.
N'es-tu point cette sirène, etc.

PORTRAIT

DE MADAME LA DUCHESSE D'ANTIN.

AIR : Sans faire semblant de rien.

De l'objet le plus parfait
J'ose ébaucher le portrait ;
Sans nommer mon héroïne,
On la reconnaîtra bien ;
Déjà chacun la devine
Sans faire semblant de rien.

Tant de vertus, tant d'attraits
Ne se trouvèrent jamais
Dans une simple mortelle :
Quel doux et charmant maintien !
Quel grand air ! et qu'elle est belle
Sans faire semblant de rien !

L'Amour lui-même touché
Des yeux de cette Psyché,

Se cache et tremble auprès d'elle;
Car ce petit dieu sait bien
Qu'il faut aimer cette belle
Sans faire semblant de rien.

PORTRAIT

DE M. LE MARÉCHAL DE LOWENDAL.

Air de la Marche des Houlans.

Je peins un maréchal
Brave comme Annibal,
Au port majestueux et martial,
Soutien du sceptre royal,
A Berg-op-zoom si fatal,
Qui fit tant de bacanal
Dans le camp impérial,
L'ami de Maurice et son rival,
Allant au combat comme au bal;
Consommé général,
Prudent, sobre et frugal,
Diligent, alerte et matinal,
Faisant du vrai son principal,
Et du fourbe ennemi capital;

Ferme, constant, toujours égal ;
  Ami sincère et loyal ;
    Amant tendre et cordial ;
Généreux et libéral,
Et prêt au moindre signal.
Ce héros dont le cheval
Avait pour nom Bucéphal,
Près de lui n'est qu'un brutal.
Ce portrait n'est pas si mal :
En reconnais-tu l'original ?
Oui, trait pour trait c'est Lovendal.

PORTRAIT

DE MONSIEUR MONNET,

DIRECTEUR DE L'OPÉRA COMIQUE.

Air précédent.

PEAU bise et poil brunet,
Dents blanches comme lait,
Le regard d'un furet,
    Le corps bien fait,
    L'air guilleret
      Et folet ;

9.*

Ni trop sec ni replet,
    Grand ni basset,
    Beau ni laid ;
Rable nerveux de mulet,
Ami, reconnais-tu ce portrait ?
    Oui, trait pour trait,
    Voilà Monnet.
En amour volage et coquet
    Comme un roquet,
Sémillant et vif comme un friquet,
Toujours, pour remplir son gousset,
    Allant au fait,
    Et jamais distrait
    De son objet.
Industrieux, sage et discret ;
Aussi ribaud qu'un baudet,
Aussi futé qu'un minet,
Aussi flatteur qu'un barbet,
Conduisant bien son bidet,
Sachant donner le torquet,
Plumant sans bruit le poulet,
Trompant Suson et Babet,
Engeolant par son caquet,
Ami, maître, maîtresse et valet,
    Oui, trait pour trait,
    Voilà Monnet.

PORTRAIT

DE M. LE MARÉCHAL DE RICHELIEU.

Air du Menuet d'Exaudet.

Richelieu
En tout lieu
Se signale ;
Pour le mirte ou le laurier,
Bon amant, bon guerrier,
Son ardeur est égale.
Tour à tour
En amour,
A la guerre,
Ville, maîtresse, ennemis
Par lui d'abord sont mis
Par terre.

Toujours sûr de la victoire,
Au moindre signal de gloire,
Il est prêt,
Dès qu'il plaît
A son maître
Qui sait qu'il triomphera
Sitôt qu'on le verra
Paraître.

Venge-moi,
Dit son Roi;
L'Angleterre
Vient d'attaquer mes vaisseaux :
A Mahon, sur les flots
Va porter mon tonnerre.
Il descend;
Tout se rend :
A ses charmes
Le beau sexe rend son cœur;
L'Anglais à sa valeur
Les armes.

~~~~~~

PORTRAIT

DE MADEMOISELLE CAROLINE,

DE LA COMÉDIE ITALIENNE.

Air précédent.

DEUX grands yeux
Radieux,
Vifs et tendres,
Plus beaux mille fois que ceux
Dont les funestes feux
Mirent Pergame en cendres.
~~~~~~

Le souris
De Cypris
Tresse blonde,
Mine pleine d'agrémens,
Et les plus belles dents
Du monde.

Teint de lys et sein d'albâtre,
Le port d'une Cléopâtre,
Et deux bras
Ronds et gras ;
Chaque veine
En relève la blancheur
Par certains traits, couleur
D'ébène.

La santé,
La gaité
De Thalie,
Toute sa vivacité,
Sa volubilité,
Ses graces, sa folie.
A ces traits,
Tous d'après
Mon modèle,
C'est Caroline, dit-on ;
Eh ! oui, dit Cupidon,
C'est elle.

PORTRAIT

DES PETITS-MAITRES.

AIR : Paris est au Roi.

Nos jeunes blondins
Sont de vrais pantins ;
On dirait que leur corps
Se meut par ressorts ;
Pincés,
Maronés,
Léchés,
Bichonés,
Sentant l'ambre et l'iris
Comme des pots pourris :
Les toilettes
Des coquettes
Ne durent pas plus long-tems :
Ils s'admirent,
Ils se mirent
Dans leurs agrémens,
Leurs ajustemens.
Nos jeunes, etc.
Froid au superlatif,
Leur ton est décisif ;

En amour ils font tous des miracles :
>> Aux spectacles,
>> Ces oracles
>> Passent au tamis
>> Tous les beaux esprits.
>> Nos jeunes, etc.

BOUQUET

A MONSIEUR DE BEAUFORT,

FERMIER-GÉNÉRAL,

Le jour de Saint-Pierre, son patron.

Puisque c'est aujourd'hui la fête
Du maître aimable de ces lieux,
Chers amis, que chacun s'apprête
A la célébrer de son mieux :
Or la célébrer, c'est bien boire :
Ainsi des saints il fait mémoire ;
Et tout l'office de Pantin,
C'est de boire soir et matin.

C'était un grand saint, que Saint-Pierre ;
Je ne sais point ce qu'il a fait ;
Mais il aimait la bonne chère ;
Nous en jugeons par son portrait.

Ce coq que l'on a peint tout proche,
C'est un chapon pour mettre en broche,
Et la clef qu'il a dans sa main,
Sans doute c'est la clef du vin.

Jusques à tant que le coq chante,
Faisons l'office du patron :
Ici tout charme, tout enchante,
Les mets et le vin, tout est bon.
Goûtons un sort si plein de charmes ;
Et si Pierre versa des larmes,
Nous pleurerons à notre tour
En quittant ce charmant séjour.

ÉPITHALAME

POUR MADAME DE BLAGNY.

AIR : Pour passer doucement la vie.

Iris, de ton ardeur extrême,
N'appréhende rien aujourd'hui :
Ton époux, c'est l'Amour lui-même,
Mais qui ne cache rien de lui,

Jadis une amante moins belle
Avec sa lampe l'éveilla :
Dès qu'il en sentit l'étincelle,
Il fit le sot et s'envola.

Pour toi, d'aventure pareille,
Nouvelle Psyché, ne crains rien ;
Car, si la nuit ton feu l'éveille,
Tu recevras preuve du sien.

IMPROMPTU.

A MADEMOISELLE ***.

AIR : Du haut en bas.

En impromptu !
Je n'ai rien chanté de ma vie
En impromptu :
Mais que vos yeux ont de vertu !
Ma foi, quand on est si jolie,
On a bien droit d'être servie
En impromptu.

AUTRE

A UNE DAME

Qui promettait deux baisers pour un couplet.

AIR : *Ma raison s'en va bon train.*

L'AIMABLE Iris me promet
Deux baisers pour un couplet.
    Grand Dieu, quel paîment!
    Sers-moi promptement,
Savant dieu du Pernesse ;
Exprime en un couplet charmant
    L'excès de ma tendresse,
        Lon la,
    L'excès de ma tendresse.

    Quoi ! dit Apollon surpris,
    Tu serais baisé d'Iris ?
        Non, d'un bien si doux
        Je suis trop jaloux ;
    Mon dépit est extrême :
Au même prix, à ses genoux,
    Je le ferai moi-même,
        Lon la ;
    Je le ferai moi-même.

COUPLET

A MADAME COQUEBERT.

NE soyez point scandalisée.
Si pour d'autres ma muse aisée
Fait des couplets à tous momens :
L'esprit libre abonde en idées.
On doit cacher ses sentimens.
On dit hardiment ses pensées.

AUTRE

SUR SIGOGNE,

CÉLÈBRE MÉDECIN.

A la santé du grand Sigogne
Je bois cent coups sans être ivrogne.
Ami, sur son habileté
Tous tes sentimens sont les nôtres :
Et l'on doit boire à la santé
De celui qui la rend aux autres.

AUTRE

A MADEMOISELLE DE M***,

Qui demandait un couplet à l'Auteur.

AIR : Jardinier, ne vois-tu pas.

Qui sait aimer peut rimer ;
Ah ! quels yeux que les vôtres !
Ils brillent de trop de feu,
Pour n'en pas donner un peu
Aux autres, aux autres, aux autres.

ENVOI

A Mme. LA PRINCESSE CHARLOTTE DE LORRAINE.

AIR : M. le Prévôt des marchands.

Partez, mon cher petit Recueil,
Je vous permets un peu d'orgueil ;
Votre fortune est sans seconde.
Qui n'envîrait un sort si doux ?
Les yeux les plus charmans du monde
Dans peu seront fixés sur vous.

CHANSON

POUR UNE SOCIÉTÉ

Où se trouvait l'Auteur, et que l'on nommait
la *Société d'Amphitrion.*

AIR : Pour passer doucement la vie.

La plus aimable confrairie
C'est celle de l'Amphitrion :
Ce sont tous rois sans tyrannie,
Tous sujets sans sédition.

Le sort tour à tour nous couronne,
Et nous donne une autorité,
Que, sans faiblesse, on abandonne,
Comme on en jouit sans fierté.

Ainsi que le tems, le vin coule,
Du meilleur pour nous on fait choix ;
Et c'est là la divine ampoule
Qui sert au sacre de nos rois.

Tous nos jours sont des jours de fête,
La paix règne dans notre cœur :
Nous n'entreprenons des conquêtes
Que sous les drapeaux de l'Amour.

Jamais l'intérêt ne nous brouille;
Bacchus sait nous accorder tous :
Quand le sceptre tombe en quenouille,
L'empire n'en est que plus doux.

Nous ne nous embarrassons guères
De tout ce que font les absens ;
Et des affaires étrangères
On ne tient point bureau céans.

Ce que l'on dit dans notre empire
Ne doit point être répété :
On commettrait, en l'osant dire,
Crime de lèze-majesté.

Aux vrais rois sans porter envie,
Amis, buvons, chantons, rions :
Ils voudraient bien mener la vie
Que mènent nos Amphitrions.

Vous régnez avec moi, ma belle,
Partagez des honneurs trop courts :
Si ma couronne était réelle,
Vous seriez reine pour toujours.

AUTRE

FAITE A TABLE,

Chez M. le duc de Richelieu.

A la table
D'un hôte aimable
Qu'on est joyeux !
Ce jus délectable
Vaut cent fois mieux
Que l'ambroisie
Qu'on sert aux dieux ;
Et sur ma vie
Hébé n'était pas si jolie
Que l'est Silvie
Qui la verse en ces lieux.
Rendez durables
Ces momens aimables,
Dieux immortels ;
Et de votre gloire
J'ai peine à croire
Qu'un de nous
Soit jaloux.

Faut-il qu'un sort si charmant finisse,
S'évanouisse,
Qu'on n'en jouisse
Qu'un tems si court?
Pour faire en sage
L'apprentissage
De ce voyage
Qu'il faut faire un jour,
Mourons; mais mourons ivres de vin et d'amour.

AUTRE

A MADEMOISELLE DIDON.

Sɪ Didon, reine de Carthage,
Eût eu tant d'attraits en partage,
Belle Didon, malgré les Dieux,
Quelque pieux que fût Enée,
Il n'en eût cru que ses beaux yeux,
Et ne l'eût point abandonnée.

Cette reine ne fut pas sage,
De s'immoler pour un volage;
C'est outrer le beau sentiment:
Je ne sais pas si c'est le vôtre;
Mais, lorsque l'on perd un amant,
Je crois qu'il en faut prendre un autre.

AUTRE

A UNE DEMOISELLE

Qui avait deux amans à la fois.

Air du Prologue d'Hésione.

IRIS, voici ton plus bel âge;
Profite bien de ton printems;
Ne sois fidèle, ni volage;
Mais rends tes deux amans contens.
L'un n'a que ton indifférence;
Mais il faut prendre l'apparence
D'une vive et sincère ardeur.
En amour la bouche et le cœur
Sont-ils toujours d'intelligence?
Se croire heureux, c'est être heureux;
Sans que tu lui sois trop fidèle,
Il pourra long-tems dans tes nœuds
Goûter une douceur nouvelle :
Et l'autre aussi, dont les langueurs
Seules ont fléchi tes rigueurs,
Ne te trouvera point sévère;
On peut accorder des faveurs
A qui sait les prendre et se taire.

AUTRE

A MADAME BERTIN DE BLAGNY,

Qui avait trois garçons et une fille.

Un Amour avec trois Graces
Sur les pas de Vénus marche toujours;
Et l'on verra sur vos traces
Une Grace et trois Amours.

AUTRE

A MADEMOISELLE DE BEAUJEU.

Air du Prévôt des marchands.

A Bacchus seul je fais ma cour,
Et plus ne joue au jeu d'Amour:
Je braverais Vénus et Flore:
Je suis blasé; j'en fais l'aveu;
Ou, pour que je jouasse encore,
Il faudrait me donner Beau-jeu.

Ce n'est que par mes seuls soupirs
Que j'ose exprimer mes desirs :
Près de la beauté qui m'inspire
Je tremble d'en faire l'aveu ;
Mais pourquoi craindre de le dire,
Quand l'Amour me donne Beau-jeu ?

AUTRE

A LA MÉME.

L'AUTRE jour le dieu de Cythére
Voulut gager avec sa mère,
Pour l'objet nouveau de son feu.
Que Psyché même était moins belle :
Il faut que l'Amour ait Beau-jeu,
Puisqu'il ose gager contre elle.

AUTRE

A MADAME DE MENOU.

Air du Bout du monde.

Dans l'espérance de vous plaire
Iris, je suis prêt à tout faire :
Pour vous la mort j'affronterais ;
   Je braverais l'onde,
   Et pour vous j'irais
    Au bout du monde.

Sur un cœur qui pour vous soupire
Vous savez prendre tant d'empire,
Qu'il fait tout ce que vous voulez ;
   Et sans qu'il en gronde,
   Vous le mèneriez
    Au bout du monde.

Vous voulez nous quitter, Silvie ?
Ah ! fussiez-vous jusqu'en Phrygie,
Mon cœur vous accompagnera.
   En une seconde
   L'esprit court et va
    Au bout du monde.

AUTRE

A MADEMOISELLE DE M***.

TROP aimable Silvie,
Plus content d'être sous ta loi
Que si j'étais sans toi,
Roi,
Rien ne me fait envie;
Charmé des lieux
Où je vois briller tes yeux,
Je crois qu'on n'est pas dans les cieux,
Mieux.
Non, rien n'est égal à la souffrance
Que me peut causer ta moindre absence.
Un jour est un siècle à mon impatience.
Que d'ennuis! mais, hélas!
Quand je revois tes appas,
O Dieux! que je trouve les jours
Courts!

AUTRE
A LA MÊME,
Sur une absence.

En vain le destin nous sépare,
L'amour vous rapproche de nous;
Un tendre souvenir répare
Les maux qu'on souffre loin de vous.
L'esprit toujours plein de ma flamme,
Je crois vous voir tous les jours en tous lieux;
Et quoiqu'absente de mes yeux,
Vous êtes présente à mon ame.

AUTRE
A MADAME PAJOT,
D'ORLÉANS.

J'avais compté ne rester
Que deux jours en cette ville;
Et sans vous, pour m'arrêter,
Tout charme était inutile

Mais, hélas! je m'aperçois bien
  Que vous aimer est facile;
Mais, hélas! je m'aperçois bien
  Qu'il ne faut jurer de rien.

Je remportais à Paris
  Un cœur sincère et fidèle:
J'y retournais près d'Iris
  Qui passe pour assez belle;
Mais, hélas! je m'aperçois bien
  Que vous l'emportez sur elle;
Mais, hélas! je m'aperçois bien
  Qu'il ne faut jurer de rien.

Crois, lui disais-je en partant,
  Pour appaiser ses alarmes,
  Que, pour me rendre inconstant,
  Vénus a de faibles armes:
Mais, hélas! je m'aperçois bien
  Que vous avez plus de charmes;
Mais, hélas! je m'aperçois bien
  Qu'il ne faut jurer de rien.

AUTRE

A MADAME LA COMTESSE D'ESTRÉES,

Dont la mère, Mme. de Puisieux, appelait l'Auteur son fils.

Puisieux m'adopte dans ce jour ;
On va me prendre pour l'Amour,
Tant elle ressemble à sa mère.
Mais ce choix gêne un peu mon cœur :
Puisque je deviens votre frère,
Je ne dois pas aimer ma sœur.

AUTRE.

L'EFFET DU MARIAGE.

AIR : Prends, ma Philis.

Dans les jardins de Cythère
Me promenant l'autre jour,
J'aperçus dans un parterre,
Des fleurs qu'arrosait l'Amour.

Entr'autres, certaine rose
Séchait avant d'être éclose;
J'en étais au désespoir.
Aussitôt l'Amour l'arrose;
Brillante il me la fit voir;
Et cette métamorphose
Fut l'effet de l'arrosoir.

AUTRE

A MADAME LELEU.

Air : A l'ombre de ce verd bocage.

Que j'aime cette main charmante !
Qu'elle a de grace à nous servir !
Tout ce qu'un autre me présente
Me fait cent fois moins de plaisir.
L'eau semble venir à la bouche
Pour les morceaux que vous donnez,
Et les mets que votre main touche,
M'en semblent mieux assaisonnés.

Quand le bouchon d'une bouteille
Sous ces beaux doigts part sans effort,
Vous charmez le dieu de la treille;
L'Amour est jaloux de son sort.

Ah! que ce sont de sûres armes,
Pour mettre un amant sous vos lois,
De joindre à des yeux pleins de charmes,
Des graces jusqu'au bout des doigts!

Je crois qu'elle n'est pas moins bonne,
Cette main si pleine d'attraits;
Que la façon dont elle donne,
Ajoute encore à ses bienfaits.
Pourriez-vous voir un misérable
Languir et vous prier en vain?
Non, vous êtes trop charitable
Pour ne pas lui prêter la main.

C'est par cette main que j'adore
Que l'Amour m'a lancé ses traits;
Je sens, Iris, que j'aime encore,
Et c'est pour ne changer jamais.
Grands dieux! que de toute la terre
Ne suis-je maître et souverain!
D'un sceptre qui pourrait vous plaire,
J'armerais cette belle main.

AUTRE

A UNE VEUVE,

Qui appelait l'Auteur son époux.

Air : Sans faire semblant de rien.

Vous m'appelez votre époux ;
Que ce nom me semble doux !
Quoique ce soit badinage,
Il me flatte, et je sens bien
Que sous ce nom je m'engage
Sans faire semblant de rien.

Je ne fus jamais jaloux ;
Ainsi, soit dit entre nous,
Je serais bien votre affaire :
Je jugerais toujours bien,
Et vous laisserais tout faire
Sans faire semblant de rien.

Comme mon prédécesseur,
Et tant d'autres gens d'honneur,

Si j'étais sur la cédule,
Je n'en vivrais pas moins bien;
J'avalerais la pillule
Sans faire semblant de rien.

Si ce n'est comme mari,
Je m'offre au moins comme ami:
Un abbé vaut bien un autre;
On en juge toujours bien;
Souvent c'est un bon apôtre
Sans faire semblant de rien.

Rendez-vous à mes desirs;
Partagez les doux soupirs
De l'amant le plus fidèle;
Et si vous me traitez bien,
Je vous nommerai cruelle
Sans faire semblant de rien.

AUTRE

A MADAME LA BARONNE DE BLANCHE,

HABILLÉE EN AMAZONE.

Air : De tous les Capucins du monde.

L'AUTRE jour l'aimable Baronne
Etant vêtue en amazone,
Fit naître un plaisant différent
Entre les dieux de la tendresse :
Vénus la voulait pour amant ;
L'Amour la voulait pour maîtresse.

AUTRE

A LA MÊME,

Qui avait exigé que l'Auteur fît un couplet pour sa
Femme-de-chambre.

Air : Nous sommes précepteurs d'Amour.

QUE pourrais-je dire de plus
De la nymphe qui suit vos traces ?
Un jeune objet qui sert Vénus,
Doit être mis au rang des graces.

AUTRE

A MADAME DE BERSIN,
SUR SA VOIX.

QUE vous avez de sûres armes
Pour mettre un amant sous vos lois !
Vous séduisez, par votre voix,
Les cœurs échappés à vos charmes.

Les amours volent sur vos traces,
Charmés de vos tendres chansons ;
Vous les attirez par vos sons,
Et les retenez par vos graces.

AUTRE

A JULIE,
Qui avait pris le voile.

AIR : Nous sommes précepteurs d'Amour.

CE bandeau te rend si jolie,
Et sur ton front il sied si bien,
Qu'on dirait, aimable Julie,
Que l'Amour t'a prêté le sien.

Il a raison, quand il l'attache
Sur ses yeux, lorsqu'on voit les tiens :
Oui, c'est de dépit qu'il les cache ;
Tes yeux sont plus beaux que les siens.

AUTRE

A MADAME DE LA MARTELIÈRE,

Qui avait donné à l'Auteur une plume pour ses étrennes.

Il faut employer mes étrennes,
Et t'offrir, à mon tour, les tiennes :
Tu me fis présent l'autre jour,
Iris, d'une plume dorée ;
D'une des ailes de l'Amour
Je crois que tu l'avais tirée.

N'en arrache pas davantage ;
Et pour fixer ce dieu volage,
Crois qu'il suffit de tes attraits :
Tes yeux sont ses plus fortes armes ;
Et pour t'abandonner jamais,
Il a trop besoin de tes charmes.

Non, non, ne crains pas qu'il s'envole,
Malgré son humeur vive et folle :

Puisque ce n'est qu'à la beauté,
Unie avec toutes les graces,
A fixer sa légèreté,
Peut-il s'éloigner de tes traces ?

AUTRE

A MONSIEUR B**,

IMPRIMEUR-LIBRAIRE,

Qui présentait sa femme à l'Auteur.

Air de Grimaudin.

Des ouvrages que sous la presse
    Vous avez mis,
Aucun n'a tant de gentillesse,
    A mon avis,
D'esprit, de grace, *et cætera*,
Que le chef-d'œuvre que voilà.

En travaillant sur cet ouvrage
    Fait pour ravir,
Que vous avez, à chaque page,
    Pris de plaisir !
On ne trouve point d'*errata*
Dans le chef-d'œuvre que voilà.

On ne voit point de caractère
    Aussi parfait ;
On n'en peut avoir d'exemplaire ;
    C'est mon regret.
Mais j'en dis trop : ma muse, holà !
Respectons ce chef-d'œuvre-là.

AUTRE

A MADEMOISELLE DE M***,

*Qui se nommait Angélique, et dont le chien
s'appelait Médor.*

Air du Prévôt des marchands.

Si Jupiter, pour des objets
Qui jamais n'eurent tant d'attraits,
Jadis descendit sur la terre,
Je crois qu'il se transforme encor,
Belle Angélique, et pour vous plaire,
Qu'il a pris le nom de Médor.

AUTRE

A MADAME DESCLUSEAUX,

Qui prenait les eaux de Pougues.

Air des Triolets.

Les eaux de Poûgues valent mieux
Cent fois que celles d'Hypocrène ;
Pour parler la langue des dieux ,
Les eaux de Pougues valent mieux.
Là de Descluseaux les beaux yeux
Enflamment le cœur et la veine.
Les eaux de Pougues valent mieux
Cent fois que celles d'Hypocrène.

Est-ce là la nymphe des eaux
De cette source bienfaisante ?
Dis-je, quand je vis Descluseaux ,
Est-ce là la nymphe des eaux ?
Tous ces buveurs sont-ils rivaux ?
Qu'ils sont joyeux ! quelle est charmante !
Est-ce là la nymphe des eaux
De cette source bienfaisante ?

Qu'amour est un bon médecin!
Je n'y trouvai point de malades;
Tout le monde m'y parut sain:
Qu'amour est un bon médecin!
D'amours je n'y vis qu'un essaim
Vous suivre par sauts et gambades.
Qu'amour est un bon médecin!
Je n'y trouvai point de malades.

Ce n'est que de vos seuls regards
Que ces eaux tirent leur puissance,
Qu'amour lance ses meilleurs dards,
Ce n'est que de vos seuls regards.
Ils valent mieux pour les vieillards
Que la fontaine de Jouvence:
Ce n'est que de vos seuls regards
Que ces eaux tirent leur puissance (1).

Quoi donc! n'en est-ce pas assez,
Que votre beauté nous inspire?
Tant d'amans pour vous empressés;
Quoi donc! n'en est-ce pas assez?

---

(1) La dame répondit à ces quatre couplets par un cinquième, qui fit faire à l'auteur le couplet suivant.

Vous-même aussi vous composez;
Apollon vous prête sa lyre.
Quoi donc! n'en est-ce pas assez,
Que votre beauté nous inspire?

AUTRE

POUR M. DE RICHELIEU ET Mme. DE LA MARTELIÈRE.

AIR : Lisette est faite pour Colin.

LISETTE est faite pour Colin,
   Et Colin pour Lisette.
Il est volage, il est badin;
   Elle est vive et coquette.
Colin tolère ses rivaux,
   Lisette ses rivales:
Il prime parmi ses rivaux,
   Elle, entre ses égales.

Lisette amuse mille amans,
   Colin toutes les belles.
Tous deux en amour sont constans,
   Et tous deux infidèles.
Il est le plus beau du hameau,
   Comme elle est la plus belle.
Colin ressemble au franc moineau,
   Lisette à l'hirondelle.

Sans soupirer et sans languir
  Ils amusent l'absence
Par les plaisirs du souvenir
  Et ceux de l'espérance :
Ou s'ils dissipent leur chagrin
  Par quelqu'autre amourette,
Lisette revient à Colin,
  Et Colin à Lisette.

S'il naît quelque dispute entre eux,
  C'est un léger orage
Qui, bien loin de briser leurs nœuds,
  Les serre davantage.
Quel tort pourraient-ils se donner,
  Egalement coupables ?
Ah ! pour ne pas se pardonner,
  Tous deux sont trop aimables !

Les soupçons jaloux, les soupirs
  Ne troublent point leurs chaînes.
D'amour ils goûtent les plaisirs
  Sans en sentir les peines.
Amans qui voulez vivre heureux,
  Prenez-les pour modèle ;
Et n'imitez plus dans vos feux,
  La sotte tourterelle.

AUTRE

A MADEMOISELLE LE DUC,
EN HABIT DE CAVALIER.

Air précédent.

TANTOT on vous prend pour l'Amour,
   Et tantôt pour sa mère :
Pour vous, je change en même jour,
   De goût, de caractère ;
Sous mille formes tour à tour
   Vous avez l'art de plaire.

Votre épée, aimable guerrier,
   Me cause peu d'alarmes :
Vous avez, gentil chevalier,
   De plus puissantes armes ;
Et ce sont, mon brave officier,
   Vos yeux remplis de charmes.

Mon beau cornette, enrôlez-moi,
   Je suis prêt d'y souscrire :
Car vous avez l'air, sur ma foi,
   Quoiqu'on en puisse dire,
De faire des hommes au roi,
   Plutôt que d'en détruire.

AUTRE.

LES ÉPOUX INDISCRETS.

A MONSIEUR ET MADAME DE RICHERAND.

Air précédent.

Bec à bec, comme deux pigeons,
  Vous verrai-je sans cesse,
Tour à tour, en mille façons,
  Faire assaut de tendresse?
Pour ces plaisirs il est un tems:
  Croyez-moi, couple aimable,
Témoin de vos jeux innocens,
  On deviendrait coupable.

N'irritez point un sentiment
  Qu'on a peine à contraindre:
Si l'ami devenait amant,
  Vous pourriez vous en plaindre.
Malgré le plaisir de la voir,
  Quand on peut s'en défendre,
Pourquoi faut-il encor savoir
  Que son cœur est si tendre?

L'Amour ne veut point de témoins ;
    Qui l'éclaire, l'offense :
Et l'Hymen ne cherche pas moins
    Et l'ombre et le silence.
Crois-tu ranimer ton ardeur
    D'un peu de jalousie ?
Ajoute-t-on à ton bonheur,
    Quand on y porte envie ?

Si tu comptes sur ma vertu,
    C'est me rendre justice ;
Mais quand je serais revêtu
    Du bouclier d'Ulysse,
C'est insulter aux malheureux,
    Et tenter leur faiblesse,
Qu'étaler ainsi devant eux
    Vainement sa richesse.

AUTRE

A MADAME DE SOUVRAI,

SUR SES CHIENS.

Air : De tous les Capucins du monde.

Sous diverses formes de bêtes
Les dieux ont fait maintes conquêtes :
Je crois que du même moyen
Quelqu'un d'entre eux se sert encore,
Et que sous celle de ce chien,
Souvrai, quelque dieu vous adore.

Peut-être celui de Cythère
N'osant, sous sa forme ordinaire,
S'offrir à vous qui n'aimez rien,
Croit-il en tirer quelque chose
En prenant la forme d'un chien :
Amour, quelle métamorphose !

Mais que de chiens de toute espèce !
Comme Circé l'enchanteresse,
Auriez-vous l'art de transformer
Ainsi tout mortel téméraire
Qui s'avise de vous aimer ?
Quelle meûte vous allez faire !

AUTRE

A LOUISON,

Air : Babet, que t'es gentille !

Je ne veux point, Louison,
Chercher à te séduire :
Je te dis sans façon
Ce que l'amour m'inspire.
Oui, si j'étais roi,
J'en jure ma foi,
Mon sceptre, ma couronne,
Mon or, mes bijoux, tout mon bien,
Tout ce que j'aurais serait tien :
Mais las ' par malheur je n'ai rien
Qu'un cœur ; je te le donne.

AUTRE
A MADAME DE RIVOLE,

emme d'un conseiller au Parlement de Grenoble.

AIR : Lorsque l'Amour est à la chasse.

Non, non, de l'un à l'autre pole,
Rien n'est si charmant que Rivole ;
Fût-on plus grave que Barthole,
Quiconque la voit doit l'aimer ;
Les graces même à son école
Viendraient apprendre et se former.

Lorsque Zéphyre la cajole,
Et sur sa bouche ou son sein vole,
De Flore absente il se console.
De l'Amour elle a tous les traits ;
Et de mille amans qu'elle enrôle,
Aucun ne la quitte jamais.

C'est mon astre ; c'est ma boussole ;
C'est mon bijou ; c'est mon idole ;
Oui, je te donne ma parole,
Si de l'univers j'étais roi,
Ceci n'est point une hyperbole,
Elle régnerait avec moi.

AUTRE.
LA LÉGÈRETÉ.

AIR : Jupin, dès le matin.

Non, la fidélité
N'a jamais été
Qu'une imbécillité.
J'ai quitté,
Par légèreté,
Plus d'une beauté :
Vive la nouveauté.
Mais quoi ! la probité ?....
Puérilité.
Le serment répété ?....
Style usité.
A-t-on jamais compté
Sur un traité
Dicté
Dans la volupté,
Sans liberté ?
On feint, par vanité,
D'être irrité ;
L'amant peu regretté
Est imité ;
La femme avec gaîté,
Bientôt s'arrange de son côté.

AUTRE

A MADEMOISELLE DE SAINT-PHALIER.

Air des Triolets.

Dans quels lieux suis-je transporté!
Est-ce à Cythère, est-ce au Parnasse?
En vous voyant, dis-je enchanté,
Dans quels lieux suis-je transporté?
Dieu! que d'esprit et de beauté!
Est-ce une Muse, est-ce une Grace?
Dans quels lieux suis-je transporté?
Est-ce à Cythère, est-ce au Parnasse?

Saint-Phalier a tout à la fois
La beauté, l'esprit et les graces;
Pour mettre un amant sous ses lois,
Saint-Phalier a tout à la fois.
Quand on l'a connue une fois,
Comment peut-on quitter ses traces?
Saint-Phalier a tout à la fois,
La beauté, l'esprit et les graces.

Est-ce une plume de l'Amour
Que pour vous il tailla lui-même,
Dont vous vous servez chaque jour?
Est-ce une plume de l'Amour?
Prêtez-la moi donc à mon tour;
Ah! qu'elle écrit bien je vous aime!
Est-ce une plume de l'Amour
Que pour vous il tailla lui-même?

AUTRE

A UN JEUNE MÉDECIN

FORT AIMABLE.

AIR : On compterait les diamans.

Soit malade, soit en santé,
Qu'on est heureux de vous connaître!
Le plaisir ou l'utilité
Font qu'avec vous il est bon d'être.
Par votre adresse et vos talens
Hippolyte eût repris la vie;
Mais vos façons, en même tems,
Auraient séduit son Aricie

AUTRE

SUR

1 LE PORTRAIT D'UNE DAME CAPRICIEUSE ET INÉGALE.

Air du Prévôt des marchands.

LE peintre qui fit ce portrait,
Le fit ressemblant trait pour trait;
Mais aujourd'hui, quoiqu'aussi belle,
Peut-être il vous méconnaîtrait:
Vous êtes tous les jours nouvelle,
Et le plus fin s'y méprendrait.

De vos beaux yeux, toujours charmans,
Les regards sont si différens,
Que ce portrait n'est plus le vôtre;
Quand on vous voit d'autres appas,
On trouve en vous, d'un jour à l'autre,
Diane, ou Vénus, ou Pallas.

Sous mille formes tour à tour
Vous faites triompher l'amour;
Si bien que celui qui vous aime,
Et qui sait chaque changement,
Tout à la fois, malgré lui-même,
Se trouve infidèle et constant.

AUTRE

A MADAME DE POMPONE,

AGÉE DE 78 ANS.

Air : L'amant frivole et volage.

Non, non, divine Pompone,
Jamais vous ne vieillirez ;
Vous charmez dans votre automne ;
L'hiver même vous plairez.
Vous unissez sur vos traces
Les plaisirs et la raison,
Et prouvez qu'il est des graces
Qui sont de toute saison.

Je crois voir en vous Cybelle,
La digne mère des Dieux ;
Près de vous, comme près d'elle,
On trouve les Ris, les Jeux.
Hébé n'est pas plus aimable
Que Gamache et Durumin,
Que l'on voit à votre table
Verser le nectar divin.

Sans avoir de la vieillesse
La triste sérénité,
Vous joignez à la sagesse
L'innocente volupté ;
En excusant la faiblesse
Et les amoureux desirs,
Vous animez la jeunesse,
Et partagez leurs plaisirs.

Pompone, dès votre aurore
Vous avez su tout charmer ;
Dans quinze ou vingt ans encore
Vous saurez vous faire aimer.
Tel l'astre qui nous éclaire,
D'un pas égal fait son tour ;
La fin de votre carrière,
Sera le soir d'un beau jour.

AUTRE

A MADEMOISELLE CLAIRON.

AIR : Il faut que je file, file.

QUAND Clairon vient sur la scène,
On croit, à son air vainqueur,
Voir déclamer Melpomène
Des vers dont elle est auteur :
Elle fouille, fouille, fouille,
Elle fouille au fond du cœur.

Quelque rôle qu'elle fasse,
De tendresse ou de fureur,
Ses yeux, son geste, sa grace,
Tout en elle est séducteur;
Elle fouille, fouille, fouille,
Elle fouille au fond du cœur.

D'Ariane et d'Aricie
Quand elle peint les douleurs,
C'est avec tant d'énergie,
Qu'on l'applaudit par des pleurs;
Elle fouille, fouille, fouille,
Elle fouille au fond des cœurs.

De la tendre Bérénice
Qu'elle exprime la langueur,
De Titus le sacrifice
Cause une secrète horreur ;
Elle fouille, fouille, fouille,
Elle fouille au fond du cœur.

Elle attendrit pour Alzire
Par ses accens enchanteurs ;
Tout le Parterre soupire
Et partage ses malheurs ;
Elle fouille, fouille, fouille,
Elle fouille au fond des cœurs.

Ses regards pleins de tendresse,
Et son air plein de douceur
Font que l'actrice intéresse
Plus que les vers de l'auteur ;
Elle fouille, fouille, fouille,
Elle fouille au fond du cœur.

Pour peu qu'on ait le cœur tendre,
Ou du goût, nul spectateur
Ne peut la voir ni l'entendre
Sans en être adorateur ;
Elle fouille, fouille, fouille,
Elle fouille au fond du cœur.

AUTRE

A MADEMOISELLE BRISSEAUX,

SUR SA BELLE MAIN.

AIR : Quand je vous ai donné mon cœur.

Avec une si belle main,
  Que servent tant de charmes ?
Que vous devez du dieu malin,
  Bien manier les armes ;
Et quand cet enfant est chagrin,
  Bien essuyer ses larmes.

AUTRE

A MADEMOISELLE DE BERVILLE,

AIR : L'amant frivole et volage.

Lorsque Thémire avec grace,
Dans un cercle de Beautés
S'avance et vient prendre place,
Tous les yeux sont enchantés ;
Ses rivales reconnaissent
Qu'elle doit fixer l'Amour,
Et près d'elle ne paraissent
Que des nymphes de sa cour.

AUTRE
A MADAME CAULET.

Air de la Voisine.

Pour ma voisine,
Amour, il faut une chanson.
Comme elle est gentille et badine,
Tu sais qu'il n'est rien de trop bou
　　Pour ma voisine.

Sur ma voisine
J'ai promis au moins six couplets;
C'est beaucoup; mais je m'imagine
Qu'ils doivent être aisément faits
　　Sur ma voisine.

De ma voisine
Je veux peindre tous les appas,
Son humeur, sa taille et sa mine,
Et même jusqu'aux petits rats
　　De ma voisine.

Dans ma voisine
Que de gentillesse et d'esprit!
Quelle charmante Calotine!
Tout m'enchante, tout me ravit
　　Dans ma voisine.

A ma voisine
Il ne faudrait ni froid ni chaud
Pour sa gorge et pour sa poitrine ;
Et l'Amour seul a ce qu'il faut
    A ma voisine.

    Que ma voisine
Est bien capable d'inspirer !
C'est ma Muse, c'est ma Corine ;
Et je ne veux plus célébrer
    Que ma voisine.

    Sans ma voisine
J'aurais bien honte d'être amant :
Mais à l'aimer tout détermine,
Et j'eus tort de faire un serment
    Sans ma voisine.

    Chez ma voisine
Je vais tous les jours sans façon :
Bon vin, bon feu, bonne cuisine,
Bon époux ; enfin tout est bon
    Chez ma voisine.

AUTRE

A LA MÊME.

AIR : Du haut en bas.

A son réveil
Caulet, plus fraîche que n'est Flore,
A son réveil,
Au sortir des bras du Sommeil,
Semble une fleur qui vient d'éclore;
Céphale croirait voir l'Aurore
A son réveil.

AUTRE

A MADAME DE L'HOPITAL.

Air du Prévôt des marchauds.

VOICI la nouvelle du jour:
On prétend que le dieu d'Amour
N'est plus amant de cette belle
A qui Vénus fit tant de mal,
Qu'il ne met plus le pied chez elle;
Enfin qu'il est à l'Hôpital.

On dit que ne réservant rien,
Il a porté là tout son bien,
Jusqu'à son carquois et ses armes
Dont souvent il fit tant de mal;
Ses trésors, ses graces, ses charmes,
Qu'il donne tout à l'Hôpital.

Là, dit-on, il se trouve mieux
Qu'il n'était même dans les cieux:
Que ce soit raison ou folie,
Son enchantement sans égal
Fait qu'à tout moment il s'écrie:
Rien n'est si beau que l'Hôpital.

Aurait-il donc perdu l'esprit?
Je soupçonne, à ce qu'Amour dit,
Un autre sens qu'il ne présente,
Et qui même n'y va pas mal:
Je sais une femme charmante,
Et qui se nomme *l'Hôpital.*

AUTRE
A M. LE DUC DE RICHELIEU.

AIR : Amis, ne parlons plus de guerre.

AIMABLE héros, que de gloire
   Et que d'appas !
Toujours suivi de la Victoire
   Dans les combats,
Non moins à craindre par tes charmes
   Pendant la paix,
Mars t'a-t-il donc prêté ses armes,
   Amour ses traits ?

AUTRE
A MADAME LA COMTESSE DE BRIONNE,

Air des Folies d'Espagne.

ASTRE brillant, qui n'es qu'à ton aurore,
Que ton éclat nous présage un beau jour !
Aimable fleur, qui ne fais que d'éclore,
Que tu promets de doux fruits à l'Amour !

14

AUTRE
A MADAME ROSSIGNOL.

AIR : *Nous sommes précepteurs d'Amour.*

J'AI déjà chanté vos appas
Et votre voix tendre et sonore :
Vos vieux amis ne changent pas;
Et qui vous aimait, vous adore.

Je vous comparais autrefois
Au rossignol, à Philomèle.
Je vous entends, je vous revois :
C'est encor lui, c'est encore elle.

AUTRE
A MADAME DE PERSAN.

AIR : *De tous les Capucins du monde.*

JE crains votre muse critique :
Votre prose même est caustique;
Tout en badinant vous pincez
Et n'en prévoyez point les suites.
Vous dites ce que vous pensez,
Sans penser à ce que vous dites.

Je sais que vous êtes trop bonne
Pour vouloir offenser personne,
Et vous obligeriez plutôt :
Mais la vérité vous échappe ;
Vous laissez partir le bon mot ;
Malheur à celui qui l'attrape.

AUTRE

A MADAME LA MARQUISE DE CHAILA,
Qui était malade.

Air : Lisette est faite pour Colin.

Quoi, je vous guéris en chantant !
  La recette est nouvelle :
Aussi glorieux que content
  D'une cure si belle,
Je veux chanter à tout instant
  Pour vous rendre immortelle.

Orphée enleva par son chant
  Sa femme au noir rivage ;
Mais pour un objet plus charmant
  Je fais bien davantage ;
Puisqu'en chantant auparavant,
  J'épargne le voyage.

AUTRE
A MADAME LE LEU.

AIR : Non, tu ne m'aimes pas.

Beauté capricieuse,
Que trop long-tems j'aimai,
De ta mine trompeuse
Je ne suis plus charmé.
D'aimer une coquette
J'ai reconnu l'abus :
Cherche ailleurs la fleurette;
Non, je ne t'aime plus.

Qu'on ait un cœur sincère,
Du goût et de l'esprit,
A ces dons tu préfère
Un magnifique habit.
Apprends, beauté trop vaine,
Que les Amours sont nuds :
Mais je brise ma chaîne;
Non, je ne t'aime plus.

En vain ton regard tendre,
Ton gracieux souris,
Veut encor me surprendre;
J'en connais tout le prix.

Tes feintes, tes grimaces
Sont des filets rompus :
Je les pris pour des graces ;
Mais je ne t'aime plus.

AUTRE

A MADAME LA DUCHESSE DE BRISSAC.

Air de Blot.

L'Amour, qui pour vous s'intéresse,
Dans ce jour rempli d'alégresse
Où vous revoyez votre époux,
Rassemble ici sa cour entière :
Les Jeux, les Ris y chantent tous :
Mais est de retour à Cythère.

Jouissez du tems que lui donne
A regret la fière Bellone ;
Son cœur est tout à vos attraits ;
Mais son bras est à la Victoire :
Ne craignez point d'avoir jamais
D'autre rivale que la Gloire.

14*

AUTRE

A MADAME BARON,
SUR SON PORTRAIT.

Air : Du haut en bas.

Que ton portrait
Réunit de graces ensemble !
Que ton portrait,
Iris, te rend bien trait pour trait !
Pour te dire ce qu'il m'en semble,
Je ne vois rien qui te ressemble
Que ton portrait.

AUTRE.

RONDE.

Air : Rions, chantons, amusons-nous.

Lorsque le plaisir nous rassemble,
N'être que deux, c'est trop peu d'un ;
A chacune il faut son chacun
Pour bien dire d'accord ensemble :
Rions, chantons, amusons-nous ;
Il n'est point de plaisir plus doux.

Un tiers fait un sot personnage ;
L'Amour n'aime point le trio :
On ne doit chanter qu'en *duo* :
De Cythère c'est là l'usage.
Rions, chantons, amusons-nous ;
Il n'est point de plaisir plus doux.

Dans cette agréable retraite,
Sans crainte l'on fait ce qu'on veut,
Ou du moins tout ce que l'on peut,
Et sans cesse l'on y répète :
Rions, chantons, amusons-nous ;
Il n'est point de plaisir plus doux.

Regarde Colin et sa belle
Jouer au joli jeu d'Amour ;
Faisons de même à notre tour ;
Est-il un plus charmant modèle ?
Rions, chantons, amusons-nous ;
Il n'est point de plaisir plus doux.

AUTRE,

LA CHASSE.

C'EST ici des bois de Cythère
Le plus agréable canton,
Tontaine, tontaine, ton, ton :
Sous la plus petite bruyère
Il est du gibier à foison ;
Tontaine, tontaine, ton, ton ;
  Ton, ton, tontaine,
  Tontaine, ton, ton.

Si l'on manque souvent sa proie,
N'en cherchez point d'autre raison ;
Tontaine, etc.
C'est qu'on s'écarte de la voie,
Et que le piqueur n'est pas bon ;
  Ton, ton, etc.

Apprenez les règles succinctes
De la chasse de Cupidon ;
Tontaine, etc.
Il ne faut point faire d'enceintes ;
Ce n'est pas la bonne façon ;
  Ton, ton, etc.

Ne chassez point sur les brisées
Qu'avant vous d'autres chasseurs font;
Tontaine, etc.
Ce sont des prises trop aisées,
Et le plaisir n'en est pas long;
 Ton, ton, etc.

Si vous revoyez à la quête
D'un pied bien petit, bien mignon;
Tontaine, etc.
C'est bon signe, et sans voir la tête,
Il est courable, j'en répond;
 Ton, ton, etc.

Evitez de prendre le change;
Le cerf de meute est le seul bon;
Tontaine, etc.
Dès qu'une fois l'on s'en dérange,
En vain l'on sonne sur ce ton:
 Ton, ton, etc.

Tomber en défaut, c'est un crime,
Mais qui mérite le pardon;
Tontaine, etc.
Le trop d'ardeur qui nous anime
En est quelquefois la raison;
 Ton, ton, etc.

Oulvari, reprenez courage ;
Ce n'est pas un si grand affront ;
Tontaine, etc.
Qui se dépite n'est pas sage ;
On le répare en tenant bon ;
    Ton, ton, etc.

Aux abois quand la bête est mise,
Profitez de l'occasion ;
Tontaine, etc.
Mais ne sonnez jamais la prise ;
La fanfare est d'un fanfaron ;
    Ton, ton, etc.

Ces règles qu'ici je vous donne,
En ai-je fait usage ? Non.
Tontaine, etc.
A la chasse assez bien je sonne,
Mais je fais toujours creux buisson ;
    Ton, ton, etc.

Si quelquefois d'une fourée
J'ai fait lever gentil tendron,
Tontaine, etc.
Jamais je n'en fis la curée
Pour m'amuser trop à ce ton :
    Ton, ton, etc.

Je fais l'aveu de mes faiblesses
Sans imiter ces fanfarons,
Tontaine. etc.
Qui content de fausses prouesses :
Amans et chasseurs sont gascons ;
    Ton, ton. etc.

AUTRE

SUR LA COUR.

AIR : Maître d'un joli jardinet.

CHERS amis, je quitte la cour :
    C'est un séjour
      Trop à craindre.
On s'y sert de mille détours ;
    Il faut toujours
      Se contraindre.
Qui fait de ce tracas
      Cas,
    N'est pas trop sage :
Il y souffle souvent
      Vent
    Qui cause orage.

AUTRE.

L'AMITIÉ.

Air : Ne m'entendez-vous pas.

Sous le nom d'amitié,
Plus d'un cœur est perfide ;
L'intérêt qui le guide
Est souvent de moitié
Sous le nom d'amitié.

Sous le nom d'amitié,
En finesse on abonde ;
Et la moitié du monde
Trompe l'autre moitié
Sous le nom d'amitié.

Sous le nom d'amitié,
Un fol amour se cache :
On voit la moindre attache,
Et souvent la pitié
Sous le nom d'amitié.

De ma tendre amitié
La cause est légitime ;
Son principe est l'estime,
Et toujours de moitié
De ma tendre amitié.

De ma tendre amitié
Pourriez-vous vous défendre ?
Non ; vous devez me rendre
Tout au moins la moitié
De ma tendre amitié..

AUTRE.

LE PETIT COLLET.

AIR : V'là c'que c'est qu' d'aller au bois.

L'ABBÉ triomphe du plumet,
V'là c'que c'est qu'un p'tit collet.
On le croit prudent et discret,
    Et la plus sévère
    Consent à tout faire,
Pourvu que ce soit en secret:
V'là c'que c'est qu'un p'tit collet.

Pourvu que ce soit en secret,
V'là c'que c'est qu'un p'tit collet.
De la façon dont il le fait,
    Ni sa renommée,
    Ni sa bien-aimée
Ne risquent point le quolibet :
V'là c'que c'est qu'un p'tit collet.

Ne risquent point le quolibet,
V'là c'que c'est qu'un p'tit collet,
Le plumet a trop de caquet,
    Et de sa victoire
    N'aime que la gloire.
L'abbé jouit ; mais il se tait :
V'là c'que c'est qu'un p'tit collet.

L'abbé jouit ; mais il se tait :
V'là c'que c'est qu'un p'tit collet.
Il fait moins de bruit que d'effet ;
    Voici sa maxime :
    L'amour n'est point crime ;
C'est la façon dont on le fait :
V'là c'que c'est qu'un p'tit collet.

C'est la façon dont on le fait ;
V'là c'que c'est qu'un p'tit collet.

N'a-t-il pas raison en effet ?
On s'aime sans crainte ;
On rit sans contrainte
Lorsque personne ne le sait :
V'là c'que c'est qu'un p'tit collet.

AUTRE

LE BONHEUR D'OPINION.

AIR : *Je veux toujours me coucher ivre.*

En vain la Fortune volage
M'a voulu priver de grands biens ;
Ceux des autres deviennent miens
Dès qu'avec eux je les partage :
Pour moi, j'en suis content et croi
Que toute la terre est à moi.

Voici la seule différence,
Gens riches, qui soit entre nous :
Vous possédez des biens si doux,
Et moi j'en ai la jouissance,
Eh bien ! j'en suis content et croi
Que toute la terre est à moi.

Quand vous en auriez davantage,
Jamais je n'en serais tenté ;
Gardez-en la propriété ;
Mais je m'en réserve l'usage :
Pour moi, j'en suis content et croi
Que toute la terre est à moi.

Pour n'en pas faire la dépense,
Vos mets m'en semblent-ils moins bons ?
Paye qui veut les violons,
Qu'importe ? pourvu que je danse.
Pour moi, je suis content et croi
Que toute la terre est à moi.

Fortune, garde tes largesses
Pour rendre mes amis heureux :
Je n'en demande que pour eux,
Et leurs biens feront mes richesses :
Pour moi, je suis content et croi
Que toute la terre est à moi.

De tous les trésors les plus rares
Je ne serais point envieux ;
Mais du moins dispense-les mieux
Qu'à des sots, ou qu'à des avares :
Pour moi, je suis content et croi
Que toute la terre est à moi.

Ainsi, de tout je me rends maître ;
Les plaisirs gisent dans l'esprit :
Pour être heureux donc il suffit
Qu'on puisse s'imaginer l'être :
Ainsi, je suis content et croi
Que toute la terre est à moi.

Que trouve-t-on dans mon système
Que l'on puisse taxer d'erreur ?
Qu'est-ce qui fait le vrai bonheur ?
N'est-ce pas d'avoir ce qu'on aime ?
Eh bien ! je suis content et croi
Que toute la terre est à moi.

Un cœur qu'Ambition déchire
Jamais ne se contentera :
Moins riche de tout ce qu'il a,
Que pauvre de ce qu'il désire :
Pour moi, je suis content et croi
Que toute la terre est à moi.

Que penser ainsi soit folie :
Qui m'en guérirait aurait tort.
C'est enfoncer mon coffre-fort
Que de m'ôter cette manie :
Pour moi, je suis content et croi
Que toute la terre est à moi.

Je ne voudrais une couronne
Que pour l'offrir à tes appas ;
Mais par malheur je ne l'ai pas ;
Je n'ai qu'un cœur ; je te le donne :
Pour moi, si j'ai le tien, je croi
Que toute la terre est à moi.

AUTRE.

LES VOYELLES.

Je hais les dez, les cartes, le trictrac ;
Je ne bois jamais de scubac,
Ni de punch, ni de rac.
Peur d'avoir la moindre claque,
Je fuis, sitôt qu'on m'attaque,
Plus vîte qu'un brac :
Je ne fais point ma cour à *Bergeac* ; (1)
Et pour grossir mon sac
Je ne fais nul micmac ;
Je n'ai d'horloge et d'almanach
Que mon seul estomac.

(1) Ancien valet-de-chambre du cardinal de Fleury.

Je suis épris de la charmante *Issec* ;
  Et je trouve son joli bec
    Plus frais que le sorbec ;
  J'irais pour elle à la Mecque.
  Elle eût rendu fou Sénèque
    D'un salamalec :
J'aime autant chez elle un hareng pec,
    Même du pain tout sec,
    Que perdrix et vin grec.
  O mort ! si tu la fais échec,
    Viens m'enlever avec.

Je suis charmé quand je suis à pic-nic.
  On est libre, c'est là le bic,
    En payant ric à ric,
  Je fais quelques vers lyriques,
  Mais jamais de satyriques ;
    Ce n'est pas mon tic :
Je crains moins la langue d'un aspic,
    Les yeux d'un basilic,
    Que le blâme public ;
  Je ne fais nul honteux trafic ;
    Je suis dans mon district.

Je ne voudrais pour l'or du monde en bloc,
  Le sort m'eût-il remis au soc,
    D'aucun bien être escroc.

D'un ami rien ne me choque ;
S'il me raille, je m'en moque,
Sans livrer le choc :
J' aime autant un forban de Maroc,
Que ce grand frère Roc,
Tant il a l'air d'un croc ;
Contre un turban je ferais troc
Plutôt que contre un froc.

Je hais les eaux de Forge et Balaruc ;
Je ne porte point chez *Bolduc*
D'ordonnance d'*Astruc*,
Ne voudrais sous ma perruque
Porter cautère à ma nuque,
Dussé-je être duc :
De son corps qui fait un aqueduc,
Devient bientôt caduc,
Fût-il plus fort qu'Heiduc :
Mais le vin est, suivant Saint-Luc,
De tous le meilleur suc,

AUTRE.
LES PANTINS.

A MADAME COGRERT.

L'AUTRE jour un philosophe,
Joyeux, aimable et badin,
(Il en est de toute étoffe)
Faisait danser un pantin :
En jouant, il examine
De la nouvelle machine
Tous les fils et les ressorts
Qui meuvent ce petit corps.

Or, voici comme ce sage
Badinait en raisonnant,
Ou, si l'aimez davantage,
Raisonnait en badinant :
Cette petite figure
Rend, dit-il, d'après nature,
Ce qui nous met tous en train :
Tout homme est un vrai pantin.

La passion dominante
Est le fil et le ressort
Qui, dans une main savante,
Fait tout mouvoir sans effort.

Il en est de toute espéce,
Car chacun a sa faiblesse :
Un cordon, ou rouge ou bleu,
Suffit pour tout mettre en jeu.

Lorsque pour une coquette
L'Amour nous fait soupirer,
Le cordon de la fleurette
Est celui qu'il faut tirer :
Une plus grande ressource,
C'est le cordon de la bourse.
Sitôt qu'on le tirera,
La pantine dansera.

Regard z cette figure
Qui rep ésente Thémis,
Qui, dit-on, d'une main sûre
Pèse et met tout à son prix :
Dans les biens qu'elle dispense,
Qui fait pencher la balance ?
C'est un petit filet d'or
Qui fait aller le ressort.

Trissotin le parasite
A pris, pour son protecteur,
Un financier sans mérite,
Qui n'a que de la hauteur.

Il encense son idole
En prodiguant l'hiperbole :
Qu'est-ce que fait Trissotin ?
Il fait danser son pantin.

Damis approuve l'ouvrage
Que Martin dit avoir fait ;
Enchanté de son suffrage,
Le filet fait son effet.
Martin se croit un Pindare ;
Il vole plus haut qu'Icare ;
Il décide en souverain :
Voyez danser le pantin.

Gâcon fait l'apothéose
De la suffisante Iris :
Il célèbre en vers, en prose
L'objet dont il est épris ;
Ne fût-elle qu'une buse,
L'auteur l'appelle sa muse :
Il a tiré le filet ;
Le ressort fait son effet.

Pour vous, aimable Thémire,
On a beau vous cajoler ;
Quelque filet que l'on tire,
Rien ne peut vous ébranler.

Philosophe et sûre amie,
Vous riez de la folie
De tous les faibles humains,
Et vous moquez des pantins.

~~~~~~

AUTRE

A MADEMOISELLE PETIT-PAS,

DE L'OPÉRA.

AIR : Ne m'entendez-vous pas.

NE m'entendez-vous pas ?
Dit l'Amour hypocrite.
Maman, quand je vous quitte,
Je vais à Petit-Pas :
Ne m'entendez-vous pas ?
~~~~~~

AUTRE
SUR LA BATAILLE DE PARME.

Air de Fanfare.

Comment ton peuple intrépide,
Louis, ne vaincrait-il pas ?
C'est Minerve qui préside
Aux conseils dans tes états,
Et Mars lui-même qui guide
Tes troupes dans les combats.

Qu'il est heureux d'être père
Et roi de pareils sujets !
Aucun peuple de la terre,
Avant nous, fut-il jamais
Si terrible dans la guerre
Et si galant dans la paix ?

Vingt ans de paix, sans alarmes,
N'ont point rouillé nos guerriers ;
Et sans regretter les charmes
De leurs paisibles foyers,
On les voit courir aux armes,
Changer leur mirte en lauriers.

16

Sonne, sonne, ami Dampierre,
Ta fanfare à cette fois ;
C'est l'image de la guerre
Que l'on trace dans ces bois :
Ici, le cerf est par terre ;
Là-bas, l'aigle est aux abois.

AUTRE

A MADAME DE LOWENDAL,
Sur la prise de Berg-op-zoom.

AIR : De tous les Capucins du monde.

DE Lowendal aimable épouse,
Apprends, sans en être jalouse,
Que ton héros avec vigueur
Vient d'enlever une pucelle :
Prends part à sa gloire en ton cœur ;
Tu n'avais de rivale qu'elle.

Pour prendre enfin ce pucelage,
Il fallait et tout son courage
Et toute son habileté ;
Car de cette vierge indomptée
Telle était l'intrépidité,
Que toujours on l'avait ratée.

Mais tu sais sa valeur extrême,
Et tu peux juger par toi-même
Si contre un semblable vainqueur
Il est aisé de se défendre ;
Non, il n'est ni place ni cœur
Qu'il ne force enfin à se rendre.

Chantons sa nouvelle victoire :
Quelle que puisse être sa gloire,
Quoique rien ne trouble le cours
De ses exploits et de nos fêtes,
Isabelle sera toujours
La plus chère de ses conquêtes.

AUTRE.

LES TOURTERELLES ET LES MOINEAUX.

Les tourterelles, en amour,
Disait Tircis à sa Lisette un jour,
Des vrais amans sont le parfait modèle :
Leurs feux sont constans, lui dit-elle ;

Mais que leurs tons sont langoureux !
Les moineaux sont plus amoureux.
Voici ce que leur dit, pour finir la querelle,
Le berger Philémon, l'oracle du hameau :
Que l'amante soit tourterelle,
Et que l'amant soit franc moineau.

AUTRE.

LE SANSONNET.

L'AUTRE jour la jeune Iris,
En badinant, comme on fait à son âge,
Laissa sortir de sa cage
Un sansonnet qu'elle avait pris.
L'Amour est comme lui toujours prêt à partir.
La beauté nous séduit ; la douceur nous arrête.
C'est peu de faire une conquête,
Il faut savoir la retenir.

AUTRE.

LE PHÉNIX.

Tout amant est, à l'entendre,
D'amour plus d'une fois mort et ressuscité,
Comme ce phénix si vanté,
Qui se brûle lui-même et renaît de sa cendre.
Mais cet oiseau si merveilleux
Ne fut jamais qu'une chimère;
Ou s'il en est un sous les cieux,
Il n'habite point à Cythère.

AUTRE.

L'HIRONDELLE.

L'Amour est comme l'hirondelle
Qui n'aime que les doux climats;
Il craint la glace et les frimats,
Et vole où la douceur l'appelle.
Un peu de rigueur sied aux belles;
Elle irrite les desirs;
Par des froideurs éternelles
On effarouche les plaisirs.

16*

AUTRE.

LE ROSSIGNOL.

VOUS qui du rossignol admirez le ramage,
Entendez-vous, Iris, ses aimables leçons ?
Il vous dit dans ses tendres sons :
Aimez, aimez dans le bel âge :
Dès qu'il a passé le printems,
Sa voix dans nos hameaux ne se fait plus entendre.
Par ce silence, Iris, il semble vous apprendre
Que pour aimer il n'est qu'un tems.

RÉPONSE

A UN BILLET.

Air des Billets doux.

JE viens de recevoir enfin
Un billet de ta belle main,
Adorable Thémire ;
Que mon cœur en est enchanté !
Minerve même, en vérité,
Ne saurait mieux écrire.

Que de plaisir il m'a causé !
Combien de fois l'ai-je baisé
  Avant que de le lire !
Sont-ce les plumes qu'à l'Amour
Ta main arrache chaque jour,
  Que tu prends pour écrire ?

De cette main deux mots flatteurs
Valent mieux que cent mille auteurs
  Qu'on perd son tems à lire ;
Ovide écrivit l'art d'aimer ;
Celui de plaire et de charmer,
  C'est à toi de l'écrire.

CHANSON.

LE SÉJOUR CHAMPÊTRE.

LE plaisir ici rassemble
Des amis et des amans
Qui n'y peuvent être ensemble
Assez tôt ni trop long-tems.

Sans cesse on les entend dire :
Ah ! que ces lieux sont charmans !
Peut-on être chez Thémire
Assez tôt ni trop long-tems ?

Zéphyr, Flore et Philomèle
Y préviennent le printems ;
On ne peut être chez elle
Assez tôt ni trop long-tems.

Mille oiseaux sous ces ombrages
Redisent par leurs accens :
Peut-on être en ces bocages
Assez tôt ni trop long-tems ?

Les Amours, les Ris, les Graces,
En chorus s'en vont chantans :
On ne peut suivre ses traces
Assez tôt ni trop long-tems.

De ces lieux le maître affable
Abonde en vins excellens ;
On ne peut être à sa table
Assez tôt ni trop long-tems.

Je ne connais point de gîte
Aussi bon à tout égard ;
On n'y peut venir trop vîte,
Ni s'en retourner trop tard.

De la maîtresse et du maître
Que les airs sont engageans !
Chez eux l'on ne saurait être
Assez tôt ni trop long-tems.

AUTRE.

LA TOILETTE.

AIR : Sans le savoir.

J'AI vu Thémire à sa toilette;
En un tour de main elle est faite;
C'est un plaisir que de la voir :
A peine un regard elle jette,
Pour s'ajuster. sur son miroir,
Et désirait la plus coquette
    Sans le savoir.

Tout son fard n'est que de l'eau pure,
Une fleur toute sa parure;
Ses cheveux sont du plus beau noir;
Lèvres de corail, sein d'albâtre
Qui semble forcer le mouchoir;
L'air vainqueur d'une Cléopâtre
    Sans le savoir.

Dès le matin telle est Thémire;
Ajoutez-y ce doux sourire

Qui semble donner de l'espoir,
Un teint de lis semé de roses,
Des graces le vrai réservoir,
Des yeux qui disent mille choses
Sans le savoir.

AUTRE.

LE RÊVE.

Air de la Musette d'Ajax.

Je goûte mille délices
Avec vous toute la nuit ;
J'éprouve mille supplices
Près de vous quand le jour luit.
Cette nuit dernière encore,
Plein du feu qui me dévore,
Et par un fol amour séduit,
Je vous voyais toute émue,
Et plus belle que Junon ;
Je n'embrassais qu'une nue
Comme le pauvre Ixion.

Etes-vous cette Diane
Qu'Endimion amoureux
Croyait voir dans sa cabane
Sitôt qu'il fermait les yeux ?

Je jouis quand je sommeille,
Et dès que je me réveille,
Tout fuit; je cesse d'être heureux.
Si l'erreur et le mensonge
Causent tant de volupté;
Si tel est l'effet d'un songe,
Que serait la vérité?

AUTRE.

LA PETITE CONSOLATION.

AIR : Çà fait toujours plaisir.

DE l'aimable Thémire
Mon cœur est amoureux;
Elle ne fait que rire
De mes plus tendres feux.
Sa froideur est extrême;
Je ne puis la fléchir;
Mais qu'importe? je l'aime :
Çà fait toujours plaisir.

Quoique sans espérance,
J'aime mieux ses rigueurs
Ou son indifférence
Que d'être heureux ailleurs.

Si j'osais plus prétendre,
Je m'en ferais bannir;
Mais la voir et l'entendre,
Çà fait toujours plaisir.

Cette beauté charmante
Prend plaisir à mes sons,
Et lorsque je la chante,
Elle aime mes chansons:
Si j'exerce ma muse,
C'est pour la divertir:
Du moins quand on amuse,
Çà fait toujours plaisir.

J'y suis sans conséquence;
Mais mon jaloux rival
Enrage quand il pense
Que je n'y suis pas mal;
Cela le désespère;
Il ne peut m'y souffrir;
Il croit qu'on me préfère:
Çà fait toujours plaisir.

AUTRE.

LES FRÈRES QUÊTEURS.

AIR : Est-c' que çà se demande.

THÉMIRE, vous voulez savoir
  Si je vous aime encore :
Doutez-vous de votre pouvoir ?
  Hélas ! je vous adore.
Mon cœur constant toujours vous rend
  Ce qu'il faut qu'il vous rende ;
Mais par vous-même jugez-en :
  Est-c' que çà se demande ?

Ah ! que vos yeux sont séducteurs !
  Que leur regard est tendre !
De ces aimables enchanteurs,
  Quel cœur peut se défendre ?
De ces charmans frères quêteurs,
  Que l'éloquence est grande !
Baissez-les donc ces yeux vainqueurs ;
  Est-c' que çà se demande ?

AUTRE.
LA PROPHÉTIE.

Air du Menuet d'Exaudet.

Vous vivrez ;
Vous plairez
A tout âge ;
En vous tout charme et ravit ;
Ah ! Thémire , l'esprit
Sied si bien au visage !
Nos beaux jours
Sont bien courts ;
Beauté passe ;
Mais il est d'autres attraits ,
Et que le tems jamais
N'efface.

La douceur du caractère ,
Un cœur sensible et sincère ,
Et d'un goût
Juste en tout ,
La finesse ,
Thémire , est ce qui fera
Qu'on vous adorera
Sans cesse.

Des amis,
Bien choisis
Et durables,
A d'infidèles amans,
Volages, inconstans,
Sont toujours préférables.
Les attraits
De Cérès
Chassent Flore ;
Et d'un beau soleil couchant,
L'éclat vaut bien souvent
L'Aurore.

~~~~~~

AUTRE
A MONSIEUR ET MADAME GERBIER.

AIR : Nous sommes précepteurs d'Amour.

QUE vous possédez bien tous deux
L'art de séduire et de surprendre !
Je crois tout aussi dangereux,
De la voir que de vous entendre.

Dans votre bouche et dans ses yeux,
Ah ! que d'esprit et d'éloquence !
De Thémis, au gré de vos vœux,
Vous feriez pencher la balance.
~~~~~~

Mais à vos talens précieux,
Les siens seraient-ils préférables ?
Vous défendez des malheureux,
Quand elle fait des misérables.

Pour triompher il vous faut l'art
Des Cicérons, des Démosthènes ;
Au lieu que d'un simple regard
Elle met les cœurs dans ses chaînes.

Quoi qu'il en soit, cœur généreux,
Plaidez les affaires des autres ;
Pour moi, je me trouverais mieux
Entre ses mains qu'entre les vôtres.

AUTRE

A MADAME ***.

Air précédent.

Je vous ai donné mon portrait,
Et vous me refusez le vôtre ;
Je l'ai cependant trait pour trait,
Et mon peintre en vaut bien un autre.

Je ne vous le nommerai pas,
Vous pourriez vous mettre en colère;
Il peint jusqu'aux secrets appas
Qu'on ne met jamais en lumière.

Il peint des plus vives couleurs
L'esprit, le cœur, le corps et l'ame;
Sa toile, c'est le fond des cœurs;
Ses pinceaux, sont des traits de flamme.

Que vous le trouveriez charmant,
Si vous veniez à le connaître!
C'est un apprentif, un enfant;
Mais cet enfant est un grand maître.

Il saisit, sans être flatteur.
Le bon côté de son modèle;
Si vous pouviez lire en mon cœur,
Que vous vous y trouveriez belle!

AUTRE

A MADAME ***.

AIR : Il était uue fille.

Depuis le plus grand prince
Jusqu'au moindre goujat,
Le petit-maître et le béat,
A Paris, en province,
Quiconque vous verra,
D'abord se récrîra... Ah !

On conte cent miracles
Qu'opèrent en tous lieux
Presque tous les jours vos beaux yeux ;
On vous suit aux spectacles,
Au cours, à l'Opéra ;
Chacun dit : la voilà... Ah !

L'autre jour un malade,
Qui n'en pouvait guérir,
Il était tout près d'en mourir,
Quand une seule œillade
De vous sur lui tomba,
Le mort ressuscita... Ah !

Passant près de vous, Blaise
Reluquait vos appas,
Et soupirant, disait tout bas :
Jarni, qu'on est bien aise
Quand on tient dans ses bras
Une femme comm' çà!... Ah!

Un jour l'hermite Luce,
Qui vient ici quêter,
Craignant de se laisser tenter,
Renfonça son capuce,
Et trois fois se signa,
Vous nommant Satanas... Ah!

Orgon, sexagénaire,
Plus avare qu'un juif,
Disait en comptant son tarif :
J'y mettrais mon enchère,
Si cette beauté-là
Etait de l'Opéra... Ah!

L'autre jour un bon moine,
Qui vous vit par hasard,
Disait d'un ton de papelard :
Le Diable à saint Antoine,
Pour le mettre à *quia*,
N'avait qu'à montrer çà... Ah!

Certaine demoiselle,
Qui cherchait des chalans,
Et faisait valoir ses talens,
Disait : ah ! qu'elle est belle !
Si j'avais ses appas,
Que j'aurais de ducats... Ah !

Sortant du séminaire,
Certain dévot abbé,
Qui n'avait jamais succombé,
En disant son bréviaire,
Vous vit, vous admira,
Et son livre tomba... Ah !

AUTRE.

L'ÉLOGE DES VIEUX.

Air : Lison dormait dans un bocage.

Vous connaissez dame Gertrude ;
C'est une femme à sentiment,
Qui n'est ni coquette, ni prude,
Mais qui pense solidement ;

L'on ne voit point chez cette belle
De jeunes gens avantageux ;
Ce sont des vieux, ce sont des vieux
Qu'elle aime à recevoir chez elle ;
Ce sont les vieux, ce sont les vieux
Qu'avec raison elle aime mieux.

Les petits-maîtres sont volages ;
On ne saurait compter sur eux ;
Les barbons sont prudens et sages,
Et méritent mieux d'être heureux ;
Un jeune trompe sa maîtresse,
Et ceux qui la traitent le mieux,
Ce sont les vieux, ce sont les vieux ;
Ils ont plus de délicatesse ;
Ce sont les vieux, ce sont les vieux
Qui sont beaucoup moins dangereux.

Le jeune va courir sans cesse,
Et voltige de fleurs en fleurs ;
Le vieux s'en tient à sa maîtresse,
Et sent le prix de ses faveurs ;
Le jeune se croit un Narcisse,
Que rien n'est plus beau sous les cieux.
Ce sont les vieux, ce sont les vieux
Qui savent se rendre justice ;
Ce sont les vieux, ce sont les vieux
Qui craignent qu'on ne trouve mieux.

Le jeune, toujours dans l'ivresse,
Ne suit que son tempérament;
Le vieux jouit avec sagesse,
Avec goût et discernement;
On est flatté de la tendresse
De ceux qui s'y connaissent mieux,
Ce sont les vieux, ce sont les vieux;
Leur choix, toujours plein de justesse,
Le choix des vieux, le choix des vieux
Est aux dames plus glorieux.

Le jeune assez souvent s'expose
A des regrets, à des douleurs;
Il cueille une brillante rose
Sans voir l'épine sous les fleurs.
Amour s'en plaignit à sa mère,
Un jour, dit-on, la larme aux yeux.
Quand on est vieux, quand on est vieux,
On examine, on considère;
Quand on est vieux, quand on est vieux,
On est moins vif et plus soigneux.

Si l'on n'est pas si bien traitée
Par un vieux que par un cadet,
Du moins on est plus respectée,
Et son hommage est plus discret;

Sans abuser de sa victoire,
Il est doux et cache ses feux :
Prenez un vieux, prenez un vieux,
Il ménagera votre gloire ;
Prenez un vieux, prenez un vieux,
Et vous vous en trouverez mieux.

~~~~~~

L'ÉLOGE DES JEUNES GENS (1).

Vous connaissez la jeune Hortense ;
C'est un objet plein d'agrément,
Qui sut toujours à la constance
Allier le discernement ;
Elle aime à recevoir chez elle
Des jeunes gens vifs et joyeux ;
Mais pour des vieux, mais pour des vieux,
On n'en voit point chez cette belle ;
Mais pour des vieux, mais pour des vieux,
Ils lui semblent trop ennuyeux.

---

(1) Cette réponse à la chanson précédente est la première
chanson qu'a faite M. de Piis en 1772. Il était encore au collège,
mais il prenait des leçons de l'abbé de Lattaignant.
~~~~~~

Des jeunes gens les plus volages
La beauté peut fixer les cœurs ;
Si le tems rend les vieux plus sages,
C'est en éteignant leurs ardeurs ;
Un jeune chérit sa bergère,
S'il est l'objet de tous ses vœux ;
Mais pour un vieux, mais pour un vieux,
Il est plaisant quand il veut plaire ;
Mais pour un vieux, mais pour un vieux,
On rit de son air langoureux.

Le jeune peut jouir sans cesse ;
Sa vie est un tissu de fleurs ;
Le vieux déplaît à sa maîtresse,
Même en achetant ses faveurs ;
Le jeune, sans être un Narcisse,
Parvient à charmer deux beaux yeux ;
On quitte un vieux, on quitte un vieux
Avant qu'il se rende justice ;
On quitte un vieux, on quitte un vieux
Aussitôt qu'on peut trouver mieux.

Le vieux veut en vain par adresse
Rappeler son tempérament ;
Le jeune, au gré de sa maîtresse,
Sait profiter du bon moment.

On est flatté de la tendresse
De ceux qui la prouvent le mieux,
Sont-ce les vieux, sont-ce les vieux?
Qu'ils rougissent de leur faiblesse!
Sont-ce les vieux? sont-ce les vieux?
Ils sont las avant d'être heureux.

Près d'un tendron, pour peu qu'il ose,
Le vieux n'a droit qu'à sa rigueur;
En voulant cueillir une rose,
Il lui fait perdre sa fraîcheur.
L'Amour s'en plaignit à sa mère,
Un jour, dit-on, la larme aux yeux.
Quand on est vieux, quand on est vieux,
On devrait déserter Cythère;
Quand on est vieux, quand on est vieux,
On fait fuir les Ris et les Jeux.

Sur sa beauté, très-mal servie,
Un barbon garde le secret.
Quand on craint la plaisanterie,
Qu'il est aisé d'être discret!
Au bon goût c'est faire une injure,
Que d'abandonner pour un vieux
Jeune amoureux, jeune amoureux
Qui sort des mains de la nature;
Jeune amoureux, jeune amoureux
Dont la force égale les feux.

Si la fontaine de Jouvence
Pouvait couler pour Lattaignant,
Ce nouveau Chaulieu de la France
S'exprimerait bien autrement.
Près des siens, où l'esprit pétille,
Si l'on supporte mes couplets,
C'est qu'ils sont vrais, c'est qu'ils sont vrais ;
J'en appelle au cœur d'une fille ;
C'est qu'ils sont vrais, c'est qu'ils sont vrais.
Les vieux ne nous vaudront jamais.

AUTRE.

LA BELLE ANGLAISE.

AIR : Ne v'là-t-il pas que j'aime.

J'AVAIS juré de n'aimer plus,
  M'offrît-on Vénus même :
Tous mes sermens sont superflus ;
  Ne v'là-t-il pas que j'aime ?

Près des belles de mon pays,
  J'étais sûr de moi-même :
Une anglaise vient à Paris ;
  Ne v'là-t-il pas que j'aime ?

D'Amour je bravais le carquois
  Et tout son stratagême ;
Et dès l'instant que je la vois,
  Ne v'là-t-il pas que j'aime ?

Je conviens que je suis plus sot
  Que défunt Nicodème :
Je m'amuse à lui dire un mot ;
  Ne v'là-t-il pas que j'aime ?

Tout plaît en elle, tout ravit ;
  Sa douceur est extrême ;
Je lui parle ; elle me sourit,
  Ne v'là-t-il pas que j'aime ?

Quel incarnat et quelle peau !
  Plus blanche que la crême :
J'en effleure un petit morceau,
  Ne v'là-t-il pas que j'aime ?

En vain j'ai recours à Bacchus ;
  C'est un mauvais systême ;
Sa belle main verse ce jus ;
  Ne v'là-t-il pas que j'aime ?

Je veux m'éloigner, mais en vain ;
  J'avais mal fait mon thême ?
Je dis, même absent, ce refrain ;
  Ne v'là-t-il pas que j'aime ?

Qui que ce soit , fût-il plus dur
  Que n'était Poliphème ,
S'il la voit, dira, j'en suis sûr:
  Ne v'là-t-il pas que j'aime ?

Ami, tu soupires , je croi ;
  Ce n'est plus un problême :
Tu l'as vue, ah! dis comme moi :
  Ne v'là-t-il pas que j'aime ?

Console-toi de tes rivaux ;
  Tu n'es pas le centième :
Car tout lui dit, jusqu'aux échos :
  Ne v'là-t-il pas que j'aime ?

Que ces couplets de notre amour
  Soient pour elle l'emblême :
Répétons chacun tour à tour :
  Ne v'là-t-il pas j'aime ?

AUTRE.

LES TRAINEAUX DE TURIN.

AIR : Le plaisir passe la peine.

COURIR en traîneau sur la neige,
Au milieu d'un nombreux cortège,
La peine passe le plaisir ;
Auprès du feu tenir Climène,
Tout doucement l'entretenir,
  Le plaisir passe la peine.

Tous les plaisirs sont fantaisie ;
Les prendre sans goût, on s'ennuie :
La peine passe le plaisir :
Mais quand la passion entraine,
Qu'un objet à su nous saisir,
  Le plaisir passe la peine.

Mener la maîtresse d'un autre,
Qui de son côté tient la nôtre,
La peine passe le plaisir :
Mais quand chacun conduit la sienne ;
Que l'Amour a su nous unir,
  Le plaisir passe la peine.

AUTRE

A MADAME LA PRINCESSE DE ROHAN.

AIR : De tous les Capucins du monde.

DE vous j'eusse reçu la pomme,
Si j'eusse été le premier homme,
Tant vous avez de droits sur moi :
Si par une autre destinée
De Pâris j'avais eu l'emploi,
Rohan, je vous l'aurais donnée.

Ce berger, par qui Cythérée
Aux deux autres fut préférée,
Etait le fils du roi Priam :
Sur toutes les beautés de France,
Le fils d'un roi, cent fois plus grand,
Vous donne ici la préférence.

Jadis deux autres immortelles,
Plus que Vénus se croyant belles,
De l'avoir osaient se flatter :
Mais de votre sexe personne
N'ose ici vous la disputer,
Et tout le nôtre vous la donne.

AUTRE.

Air : Je sens pour vous renaître, etc.

J'AI célébré bien des femmes jolies;
Je leur ai dit bien des galanteries :
    Mais
  Pour de fades flatteries,
  Je n'en débiterai jamais.

Pour que je loue ou Corine ou Thémire,
Il faut qu'elle ait quelque appas qui m'attire;
    Mais
  N'a-t-elle rien qui m'inspire?
  Je ne la chante jamais.

Pour deux beaux yeux, pour un joli visage,
Je suis tout prêt; je leur rends mon hommage;
    Mais
  Je n'aurais pas le courage
  De louer ce que je hais.

Lorsque j'étais sous l'amoureux empire,
J'étais charmé de mon tendre délire;
    Mais
  Au diable si je désire
  De m'y retrouver jamais.

AUTRE
A Mme. LA MARQUISE DE SOUVRAI.

AIR : Vous qui du vulgaire stupide.

Avouez, Iris, sans scrupule,
Un peu de singularité;
Loin que ce soit un ridicule,
Rien ne sied mieux à la beauté.
Sitôt qu'une femme est jolie,
Tout ce qu'elle fait est charmant:
Un caprice, une fantaisie
Devient en elle un agrément.

Brillez en habit d'amazone;
Offrez à nos yeux tour à tour
Les traits, les charmes de Bellone,
Et ceux de la mère d'Amour.
De votre sexe avec les graces,
Du nôtre ayez les sentimens;
Et faites toujours sur vos traces
Voir autant d'amis que d'amans.

Puisque nature vous a faite
Pour nous plaire et pour tout charmer,
Sans être prude ni coquette,
Jouissez du plaisir d'aimer,

Quand au goût l'on joint la prudence,
On peut contenter ses desirs,
Et, sans choquer la bienséance,
Se livrer aux plus doux plaisirs.

Laissez votre sexe timide
Obéir à d'injustes lois ;
Et quoique le nôtre en décide,
Usez toujours de tous vos droits.
Avec tant d'esprit, et si belle,
Pouvez-vous rien faire de mal ?
Non, ne prenez point de modèle ;
Soyez vous-même original.

Que les préjugés et l'usage
Règlent les sots, les paresseux :
Quoiqu'ils soient suivis par le sage,
Il sait se mettre au-dessus d'eux.
Ce n'est qu'une faible barrière
Qu'il peut franchir sans s'alarmer ;
Ce sont de ces grands de la terre
Qu'on respecte sans les aimer.

AUTRE.
LES PRÉJUGÉS.

Air du vaudeville d'Epicure.

Je ne me fais point de scrupule
Du spectacle de l'Opéra ;
Je me croirais trop ridicule
D'être béat à ce point-là.
En France l'on excommunie
Des gens à Rome protégés ;
Quelle inconséquente folie !
Ne sont-ce pas des préjugés ?

Quoi ! les Racines, les Corneilles
Brûleront dans d'éternels feux !
Ceux qui déclament leurs merveilles
Seront tous damnés avec eux !
La police les autorise,
Au roi même ils sont engagés ;
On les estime, on les méprise :
Ne sont-ce pas des préjugés ?

Ce qu'il nous est permis de lire,
On peut l'entendre réciter,
Et ce que tout le monde admire,
Pourquoi le fuir et l'éviter ?

Ce qui pour vous est légitime,
Pour moi doit-il être un péché?
Non, sans se permettre le crime,
On peut braver le préjugé.

Quoi! ce peintre de la nature,
Qui sait corriger en riant,
De qui la morale est si pure,
Peut me corrompre en m'amusant?
Par lui l'avare, l'hypocrite
Et le fourbe sont corrigés,
Et sa muse sera maudite :
Ne sont-ce pas des préjugés?

Quoi! ce spectacle magnifique,
Qui réunit tous les talens;
Le goût, la danse, la musique
Qu'on enseigne à tous les enfans,
Où jadis nos évêques même
Au premier banc étaient rangés,
Aujourd'hui subit l'anathême!
Ne sont-ce pas des préjugés?

AUTRE

A MONSIEUR J***,

De la Religion luthérienne, homme fort sérieux.

Air : L'avez-vous vu mon bien-aimé.

PHILOSOPHE aimable et profond,
Vous aimez à vous taire ;
Je n'en connais pas moins le fond
De votre caractère.
Les plaisirs se goûtent bien mieux
Par un homme un peu sérieux.
Le fou les laisse évaporer
Dans un brillant délire ;
Le sage, pour les savourer,
En jouit sans rien dire.

Laissons les sots
Et les cagots
Abjurer la nature ;
Des gens d'esprit,
Sans contredit,
La morale est plus pure.

J'aime un turc autant qu'un chrétien,
Pourvu qu'il soit homme de bien.
Condamner d'innocens desirs,
  C'est être fanatique;
Et ceux qui blâment les plaisirs
  Sont les seuls hérétiques.

AUTRE.

LE PARI,

Vaudeville à mettre en musique.

J'AVAIS gagé que de ma vie
Je n'aurais d'amour pour Silvie;
Je croyais mon cœur bien guéri;
Hélas! j'ai revu l'infidèle:
Grands Dieux! qu'elle m'a paru belle!
Je crains de perdre le pari.

En vain Iris fait la sévère;
Haspin entreprend de lui plaire,
Et gage d'en être chéri;
Il est sans esprit, sans naissance,
Et n'a pour lui que la finance;
Mais il peut gagner le pari.

On dit que la jeune Isabelle
Est aussi sage qu'elle est belle;
C'est un trésor pour un mari:
Argan la prend comme pucelle;
Je veux bien croire qu'elle est telle;
Mais je n'en fais point le pari.

J'aurais bien gagé que Lisette.
Quoiqu'elle soit un peu coquette,
N'avait point d'amant favori;
Enfin je viens de la surprendre
Seulette avec le beau Lysandre,
Et j'aurais perdu le pari.

Cléon, veuf septuagénaire,
Epousait ma jeune commère;
Le quartier fit charivari;
Gagez, dis-je, qu'avant l'année,
Margot vous donnera lignée;
Je suis de moitié du pari.

Veux-tu gager que je me venge,
Si ta bizarre humeur ne change?
Disait Colette à son mari:
Va, va, ce dit-il à Colette,
Je crois l'affaire déjà faite
Avant d'en faire le pari.|

AUTRE

A MADAME LA MARQUISE DE GABRIAC.

Air du vaudeville d'Epicure.

En vain ce célèbre abbé Poule
Touche et ravit ses auditeurs ;
Quand vous en grossissez la foule,
Que vous lui dérobez de cœurs !
Rivale pour lui redoutable,
Quand vous brillez en même lieu,
Vous en feriez donner au Diable
Plus qu'il n'en fait donner à Dieu.

AUTRE

A MONSIEUR LE P***.

Ami, tu prétends que j'imite,
En me retirant dans ces lieux,
Le Diable qui se fit hermite,
Quand il vit qu'il devenait vieux.
Hé bien ! sans faire l'hypocrite,
Que pourrais-je faire de mieux ?

J'ai passé ma longue jeunesse
Dans la fougue des passions,
Dans les plaisirs et la paresse,
Sans soins, sans occupations.
N'est-il pas tems, dans la vieillesse,
De faire des réflexions ?

Je vois mon terme qui s'avance,
Et que je commence à vieillir.
Les plaisirs de la jouissance
Sont pour ceux qui peuvent agir.
Que faire donc dans l'impuissance ?
Que végéter ou réfléchir.

Dans l'asile où je me retire,
Je vais avec d'aimables gens,
Du moins en cherchant à m'instruire,
Tâcher d'employer mieux mon tems,
Et revenu de mon délire,
Passer d'agréables momens.

Ce n'est point par misanthropie
Que j'ai conçu ce beau projet.
Il faut sortir de cette vie,
Comme un convive d'un banquet,
Remerciant la compagnie,
Et faisant gaîment son paquet.

Je vois que ce monde m'ennuie ;
Je sais que je dois l'ennuyer.
Par un peu de philosophie,
Je cherche à pouvoir étayer
Les derniers momens de ma vie,
Que je voudrais mieux employer.

J'ai fait un assez long voyage ;
Si je m'en plaignais j'aurais tort :
Je n'ai guère éprouvé d'orage,
Et j'ai joui d'un heureux sort ;
Je finis mon pélerinage,
Et je suis près d'entrer au port.

Je serais plus long-tems au monde
Sans apprendre rien de nouveau.
On ne voit que le ciel et l'onde ;
Quand on reste dans son vaisseau,
La vie est une place ronde,
Et j'ai fait le tour du cerceau.

Ce n'est plus la saison de plaire ;
Rien ne saurait plus me toucher.
La reine même de Cythère
Vainement viendrait me chercher.
Il faut bien être sédentaire
Lorsque l'on ne peut plus marcher.

Ainsi, quand je quitte ce monde,
Ce n'est que pour le prévenir;
Dans une retraite profonde
Je ne veux point m'ensevelir;
Mais qu'on m'applaudisse ou me fronde,
Je crois avoir droit de choisir.

J'ai trop aimé la compagnie
Pour la quitter totalement;
Mais je la cherchais mieux choisie,
Et j'ai trouvé parfaitement.
Du moins en quittant cette vie,
Il faut en sortir décemment.

~~~~~~

AUTRE.

AIR : Maître d'un joli jardinet.

VIVE la liqueur du tonneau,
Nargue de l'eau
D'Hypocrène.
Au diable soit maitre Apollon,
Son vallon
Et sa fontaine.
~~~~~~

Ivre de ce divin
        Vin,
    L'heureux délire !
Qu'on forme de touchans
        Chants
    Quand il inspire !

~~~~~~

AUTRE.

Air du Menuet d'Exaudet.

Cher ami,
    Suis-je ici
    Dans Cythère ?
Ma foi, je ne croyais pas
    Y trouver tant d'appas,
    Tant d'objets faits pour plaire ;
        Quel séjour !
        En un jour
        Il rassemble
Plus d'amours, de jeux, de ris
    Qu'on n'en trouve à Paris
        Ensemble.
~~~~~~

Ces héros qui, dans la guerre,
Sont plus craints que le tonnerre,
        Doux, polis,
        Et soumis
        A vos charmes,
Vous offrent leur liberté,
  Rendent à la beauté
        Les armes.

        Ces guerriers
        Aux lauriers
        De Bellone,
Préfèrent dans ce séjour
  Les myrtes dont l'Amour
  Par vos mains les couronne ;
        Mais bientôt,
        Quel assaut
        Pour vos belles !
Dans deux jours ils partiront ;
  Dieu sait s'ils reviendront
        Fidèles.

AUTRE.

Air : Maître d'un joli jardinet.

JAMAIS l'amour ne nuit, dit-on,
C'est la façon
De le faire ;
Des plaisirs ne vous privez pas ;
Mais faites cas
Du mystère ;
Mettez-vous à l'écart ;
Car,
Le monde cause ;
Mais qui prend ses ébats
Bas,
Craint peu la glose.

AUTRE.

LA MAITRESSE QUI SE REND.

Air précédent.

Je cède à tes empressemens ;
　　C'est trop long-tems
　　　Me défendre :
Je sais que chacun, à son tour,
　　　Au dieu d'Amour
　　　Doit se rendre.
Quoiqu'on ait du trompeur
　　　　Peur,
　　Pour sa malice,
Est-il à ce vainqueur
　　　　Cœur
　　Qui n'obéisse ?

AUTRE.
LES SOUHAITS.

Ma mie,
Ma douce amie
Répond à mes amours;
Fidèle
A cette belle,
Je l'aimerai toujours.
Si j'avais cent cœurs,
Ils ne seraient remplis que d'elle :
Si j'avais cent cœurs,
Aucun d'eux n'aimerait ailleurs.
Ma mie, etc.

Si j'avais cent yeux,
Ils seraient tous fixés sur elle;
Si j'avais cent yeux,
Ils ne verraient qu'elle en tous lieux.
Ma mie,
Ma douce amie
Répond à mes amours;
Fidèle
A cette belle,
Je l'aimerai toujours.

Si j'avais cent voix,
Elles ne parleraient que d'elle;
Si j'avais cent voix,
Toutes rediraient à la fois:
Ma mie,
Ma douce amie
Répond à mes amours;
Fidèle
A cette belle,
Je l'aimerai toujours.

Si j'étais un dieu,
Je voudrais la rendre immortelle;
Si j'étais un dieu,
On l'adorerait en tout lieu.
Ma mie,
Ma douce amie
Répond à mes amours;
Fidèle
A cette belle,
Je l'aimerai toujours.

Fussiez-vous cinq cent,
Vous seriez tous rivaux près d'elle;
Fussiez-vous cinq cent,
Chacun voudrait en être amant.

Ma mie,
Ma douce amie
Répond à mes amours;
Fidèle
A cette belle,
Je l'aimerai toujours.

Eussiez-vous cent ans,
Nestor rajeunirait pour elle;
Eussiez-vous cent ans,
Vous retrouveriez le printems.
Ma mie,
Ma douce amie
Répond à mes amours;
Fidèle
A cette belle,
Je l'aimerai toujours.

AUTRE
POUR M. LE DUC DE RICHELIEU,
Sur la Prise de Mahon.

Air des Triolets.

QUAND on dit le grand Richelieu,
On n'entend plus son éminence ;
C'est l'arrière-petit-neveu,
Quand on dit le grand Richelieu.
L'oncle était grand, j'en fais l'aveu ;
Mais c'est le maréchal de France ;
Quand on dit le grand Richelieu,
On n'entend plus son éminence.

Des deux héros du même nom,
On peut faire un beau parallèle ;
Pour moi, je suis pour le second
Des deux héros du même nom,
Et le siége du Port-Mahon
Vaut bien celui de la Rochelle.
Des deux héros du même nom,
On peut faire un beau parallèle.

Fronsac en tout est son portrait ;
Ne craignez pas qu'il dégénère ;
Pour la gloire il part comme un trait.
Fronsac en tout est son portrait.

Egalement il semble fait
Et pour l'amour et pour la guerre.
Fronsac en tout est son portrait;
Ne craignez pas qu'il dégénère.

Il sera, comme son papa,
Bon au poil et bon à la plume,
Galant, vaillant et cætera;
Il sera comme son papa.
De quel air cet aiglon déjà
Porte le tonnerre et l'allume:
Il sera, comme son papa,
Bon au poil et bon à la plume.

COUPLETS

Pour être mis à la suite d'une petite pièce intitulée
les Héritiers.

Air de Navarre.

Chanté par un Gascon.

QUAND je partis de Pézénas,
Je n'avais qu'une trousse,
Quatre rasoirs et deux ducats;
Va comme je te pousse.

J'ai suivi notre grand chemin.
Quand on a du courage,
Un peu d'adresse dans la main,
C'est un bon héritage.

Chanté par un Normand.

Vous voyez le fils d'un huissier
De Vire en Normandie,
Lequel ne me fit héritier
Que de son industrie ;
Je fus placé chez un caissier :
Quel plus grand avantage ?
Quand on sait un peu son métier,
C'est un bon héritage.

Chanté par une Actrice.

Ma mère était à l'Opéra
Actrice sans égale ;
Au théâtre on me destina
Comme enfant de la bale.
Certain jeune acteur me dressa ;
J'appris, dès mon jeune âge,
Le chant, la danse, et cætera ;
C'est un bon héritage.

Chanté par un Officier.

Mes nobles aïeux se sont tous
   Ruinés à la guerre ;
Et je n'ai gagné que des coups
   Dans la même carrière.
Pour mon frère, il est mieux tombé ;
   Sans talens, sans courage,
Il brille ; il est un gros abbé :
   Ah ! le bon héritage !

Chanté par un honnête homme mal habillé.

Je vois tous les jours sous mes yeux
   Le vice qu'on encense,
Et je ne suis point envieux
   De sa vaine opulence.
Je préfère au gueux revêtu
   La nudité du sage :
Lorsque l'on a de la vertu,
   C'est un grand héritage.

Par un Acteur pour l'Auteur.

C'est par ma bouche que l'auteur,
   Tout neuf sur le Parnasse,
Qui vous choisit pour protecteur,
   Vient vous demander grace.

En biens il est mal partagé ;
Mais par votre suffrage,
Il se croira dédommagé ;
C'est un bon héritage.

~~~~~~

COUPLET

A UNE JEUNE DAME

Accouchée d'une fille.

AIR : De tous les Capucins du monde.

COMME un chien dans un jeu de quille,
On reçoit une pauvre fille,
A l'instant qu'elle vient au jour :
A quinze ans, quand elle est gentille,
Elle nous reçoit à son tour
Comme un chien dans un jeu de quille.
~~~~~~

AUTRE

A MADAME B***,

Sur son Portrait qui n'était que commencé.

Air : Non, non, je n'en veux pas davantage.

CUPIDON, à la guinguette
Ayant perdu son carquois,
Vit cette ébauche imparfaite
Du peintre encor sous les doigts.
Prenons, dit-il, cette image ;
Pour ranger les cœurs sous mes lois,
Non, non, non, il n'en faut pas davantage.

AUTRE.

ADIEUX AU MONDE.

Air des Billets doux.

J'AURAI bientôt quatre-vingts ans ;
Je crois qu'à cet âge il est tems
De dédaigner la vie :
Aussi je la perds sans regret,
Et je fais gaiment mon paquet ;
Bonsoir la compagnie.

Lorsque d'ici je partirai,
Je ne sais pas trop où j'irai;
   Mais en Dieu je me fie;
Il ne peut me mener que bien,
Ainsi je n'appréhende rien;
   Bonsoir la compagnie.

J'ai goûté de tous les plaisirs;
J'ai perdu jusques aux desirs,
   A présent je m'ennuie.
Lorsque l'on n'est plus propre à rien,
On se retire et l'on fait bien;
   Bonsoir la compagnie.

Dieu nous fit sans nous consulter,
Rien ne saurait lui résister;
   Ma carrière est remplie.
A force de devenir vieux,
Peut-on se flatter d'être mieux?
   Bonsoir la compagnie.

Nul mortel n'est ressuscité
Pour nous dire la vérité
   Des biens d'une autre vie.
Une profonde obscurité
Est le sort de l'humanité;
   Bonsoir la compagnie.

Rien ne périt entièrement,
Et la mort n'est qu'un changement,
  Dit la philosophie.
Que ce système est consolant !
Je chante en adoptant ce plan :
  Bonsoir la compagnie.

Lorsque l'on prétend tout savoir,
Depuis le matin jusqu'au soir,
  On lit, on étudie ;
On n'en devient pas plus savant ;
On n'en meurt pas moins ignorant ;
  Bonsoir la compagnie.

RÉPONSE

A LA PRÉCÉDENTE (1).

Air précédent.

Eh ! pourquoi donc compter tes ans ?
Tant qu'on pense il n'est jamais tems
  De dédaigner la vie.
N'excite point notre regret,
En faisant déjà ton paquet ;
  Demeure en compagnie.

(1) Cette chanson est de M. de Piis, et fut faite en 1777.

Dans le céleste caraba,
Monter, sans savoir où l'on va,
    Je tiens que c'est folie.
Comme il fait nuit sur le chemin,
Remets toujours au lendemain;
    Demeure en compagnie.

Taillée en fin par les plaisirs,
Que ta plume cède aux desirs
    De ta muse applaudie;
Compose cent couplets divers,
Et pour nous en dire les airs,
    Demeure en compagnie.

Chaulieu frappe des pieds là-bas
De ce que tu n'arrives pas,
    Et La Fare s'ennuie;
Mais sois insensible à leurs vœux;
Nous sommes aussi jaloux qu'eux
    D'avoir ta compagnie.

Depuis que le sort destructeur
Nous a ravi l'aimable auteur
    De la Métromanie,
Il ne meurt que des ignorans,
Et c'est pour partir de céans,
    Trop pauvre compagnie.

Ah! s'il nous faut absolument
Te voir descendre au monument,
   Attends, on t'en convie,
Que Voltaire ait fermé les yeux (1),
Et vous partirez tous les deux
   En bonne compagnie.

Mais, quoi! la gentille Erato
Te tire encor par le manteau,
   J'en ai l'ame ravie;
L'abbé, c'est preuve, on le soutient,
Que, malgré l'âge, tu sais bien
   Lui tenir compagnie.

Oui, la mort n'est qu'un changement;
Voilà le seul point consolant
   De la philosophie;
C'est ainsi qu'Ovide est vivant,
Et qu'en se nommant Lattaignant,
   Il nous fait compagnie.

---

(1) Voltaire est mort le 30 mai 1778, l'abbé de Lattaignant
le 10 janvier 1779.

AUTRE

DE L'ABBÉ DE LATTAIGNANT.

Air précédent.

Jeune Auguste, comment fait-on
Pour unir déjà la raison,
   Le goût et le génie?
Par tous tu te fais admirer;
Mais tu sus toujours préférer
   La bonne compagnie.

Tu vois les jours de ton printems;
Tu jouiras encor long-tems
   Des plaisirs de la vie.
Pour moi, je cours au monument,
Et j'y touche dans le moment;
   Adieu la compagnie.

Je suis venu trop tôt pour toi,
Comme tu vins trop tard pour moi;
   Mais inutile envie.
Dieu! combien j'aurais profité
Et de ton amabilité
   Et de ta compagnie!

Puisque cela ne se peut pas,
Viens au moins avant mon trépas,
  C'est moi qui t'en convie ;
Accours dans mon petit réduit ;
On verra le jour et la nuit
  Aller de compagnie.

Ou, si l'on veut, l'on pourra voir
Le matin joint avec le soir,
  Tous deux sans jalousie ;
Mais lorsque l'un se lèvera,
L'autre en bégayant lui dira :
  Bonsoir la compagnie.

CHANSON
SUR LA VIEILLESSE.

Air du Menuet d'Exaudet.

J'ai vécu
Et j'ai vu
Dans ma vie
Presque tout ce qu'on peut voir,
  Su ce qu'on peut savoir,
  Elle est bientôt finie.
    Je suis vieux ;
    Trop heureux

A mon âge
D'aimer un peu la vertu,
Et d'être devenu
Plus sage.

A la fin de sa carrière,
Revient-on à la barrière ?
Non, la mort
Est un port
Doux, paisible ;
Fou qui veut fuir le trépas
Quand la chose n'est pas
Possible.

Cet instant,
Que craint tant
Le coupable,
Est la fin de tout tourment,
Ou le commencement
D'un bonheur plus durable.
Espérons
Ou cédons
Sans nous plaindre :
Se survivre est un grand bien,
Sinon, nous n'avons rien
A craindre.

FIN.

TABLE.

POÉSIES DIVERSES.

Pag.

CHANSONS (1).

(1) Nous indiquons les chansons par le premier ou les deux premiers vers; nous croyons cette méthode plus commode pour les lecteurs.

21*

FIN DE LA TABLE.